2/7 9.30

18. Aug. 1977

Miklos Horvath

das neue buch
Herausgegeben von Jürgen Manthey

Tom Stoppard
Travesties

Schauspiel
Deutsch von Hilde Spiel

Deutsche Erstausgabe
Aus dem Englischen übertragen
© Tom Stoppard, 1974
Veröffentlicht im Rowohlt Taschenbuch Verlag GmbH,
Reinbek bei Hamburg, Dezember 1976
© Rowohlt Taschenbuch Verlag GmbH,
Reinbek bei Hamburg, 1976
Alle Rechte vorbehalten
Umschlagentwurf Christian Chruxin und Antje Petersen
Gesetzt aus der Linotype-Garamond-Antiqua
Gesamtherstellung
Clausen & Bosse, Leck/Schleswig
Die deutschsprachigen Rechte der Bühnenaufführung, der Übertragung
durch Rundfunk und Fernsehen sowie des öffentlichen Vortrags liegen
bei der Rowohlt Verlag GmbH, Theater-Verlag, Reinbek bei Hamburg
Printed in Germany
800 – ISBN 3 499 25081 0

Travesties

PERSONEN

HENRY CARR
: *erscheint als sehr alter Mann, aber auch als seine eigene jugendliche Ausgabe. Er kleidet sich überaus elegant und achtet vor allem auf den Schnitt seiner Hosen; er hat die Figur dazu.*

TRISTAN TZARA
: *ist der Dadaist dieses Namens. Er war ein kurz geratener, dunkelhaariger, sehr knabenhaft wirkender junger Mann, und – seiner eigenen Aussage nach – charmant. Er trägt ein Monokel.*

JAMES JOYCE
: *ist der James Joyce von 1917/18 und 36 Jahre alt. Er trägt Jacke und Hose von zwei verschiedenen Anzügen.*

LENIN
: *ist der Lenin von 1917 und 47 Jahre alt.*

BENNETT
: *ist Carrs Kammerdiener. Eine recht gewichtige Erscheinung.*

GWENDOLEN
: *ist Carrs jüngere Schwester: jung, anziehend, aber auch eine Individualität, die man nicht übersehen kann.*

CECILY
: *ist gleichfalls jung und anziehend und noch weit weniger zu übersehen. Sie erscheint auch als ihre eigene gealterte Ausgabe.*

NADJA
: *ist Nadeschda Krupskaja, Lenins Frau, sie ist 48.*

Das Stück spielt in Zürich, auf zwei Schauplätzen:
im Salon von Henry Carrs Wohnung (‹Zimmer›) und in einem Ausschnitt der Stadtbibliothek von Zürich (‹Bibliothek›). Der größte Teil der Handlung findet in Carrs Erinnerung statt, die auf die Zeit des Ersten Weltkriegs zurückgeht, und diese Epoche drückt sich entsprechend in den Bühnenbildern, Kostümen usw. aus. Man kann annehmen, daß Carr seither in derselben Wohnung gelebt hat.
Das ‹Zimmer› m u ß seinen Haupteingang in der Mitte der Hinterbühne haben: die meisten Auftritte würden ernstlich an Wirkung verlieren, wenn sie sich seitlich abspielten. Am besten wäre eine Doppeltür. Immerhin gibt es zumindest noch eine Seitentür. In der Mitte des Zimmers steht ein Tisch mit einem soliden Stuhl auf jeder Seite, ein zweiter Tisch steht seitlich, abgesehen von dem übrigen Mobiliar.
Die ‹Bibliothek› läßt größere Dimensionen vermuten: hohe Bücherregale usw. Im zweiten Akt benötigt Cecily (die Bibliothekarin) eine Art Ladentisch oder Schreibtisch, der zu Anfang des Stücks nicht unbedingt sichtbar sein muß. Einige der Auftritte, z. B. der von Nadja, sollen durch eine Tür erfolgen, nicht einfach aus der Kulisse.
Die Bibliothek muß zu Anfang und im zweiten Akt nicht unbedingt vom selben Blickwinkel aus gezeigt werden.

1. Akt

BIBLIOTHEK

Sitzplätze für Joyce, Lenin und Tzara.
Gwen sitzt neben Joyce. Sie sind mit Büchern, Papieren, Bleistiften beschäftigt ...
Lenin, umgeben von Büchern und Papieren, schreibt gleichfalls ruhig vor sich hin. Tzara schreibt, während das Stück beginnt. Auf seinem Tisch liegen ein Hut und eine große Schere. Tzara hört zu schreiben auf, nimmt dann die Schere, zerschneidet das Papier Wort für Wort und läßt dabei die Schnipsel in seinen Hut fallen. Sobald er alle Wörter im Hut hat, schüttelt er den Hut und entleert ihn auf den Tisch. Er verteilt sehr rasch die Papierschnipsel auf beliebige Zeilen, dreht einige um usw., und liest dann das Ergebnis mit lauter Stimme vor:

TZARA: zuckungsreiterin
  antikenschubfach tief dort
  dämmerung der pfirsich
  bewacht eisige opfergabe
  nachtlicht unfroh
CECILY *tritt ein:* Sch – sch – sch!
  Sie ermahnt ganz allgemein die Bibliothek zur Ruhe. Sie ist aus der Kulisse eingetreten, nicht durch eine Tür, und geht rasch, wie jemand, der viel zu tun hat, quer über die Bühne und in die gegenüberliegende Kulisse ab. Niemand beachtet sie.
JOYCE *diktiert Gwen:* Deshill Holles Eamus ...
GWEN *schreibt:* Deshill Holles Eamus ...
JOYCE: Dreimal.
GWEN: M – hm.
JOYCE: Schick uns, du Heller, du Lichter, Horhorn, Leben und Leibesfrucht.
GWEN: Schick uns, du Heller, du Lichter, Horhorn, Leben und Leibesfrucht.
JOYCE: Dreimal.
GWEN: M – hm.
JOYCE: Hopsa, ein Jungeinjung, hopsa!
GWEN: Hopsa, ein Jungeinjung, hopsa!
JOYCE: Hopsa, ein Jungeinjung, hopsa!
GWEN: Ebenfalls dreimal?
JOYCE: M – hm.

Zu diesem Zeitpunkt hat Tzara die Papierschnipsel wieder in den Hut getan. Er holt eine Handvoll heraus, liest ein Wort nach dem anderen laut vor und tut jedes wieder in den Hut, nachdem er es gelesen hat.

TZARA: nachtlicht der opfergabe
unfroh antikenschubfach
tief dort
zuckungsreiterin ...
... hut!

CECILY *kommt zurück*: Sch – sch – sch!

Cecily hat ein paar Bücher mitgebracht, die sie vor Lenin hinlegt. Tzara verläßt die Bibliothek durch die Tür.

Jetzt muß das Auditorium folgendes wahrnehmen können: Gwen hat von Joyce eine Mappe erhalten. Cecily erhält eine ebensolche Mappe von Lenin. Diese Mappen, die offenbar Manuskripte enthalten, sind von irgendeiner grellen Farbe, die einen Blickfang darstellen. Jedes der Mädchen sieht sich genötigt, seine Mappe auf einen Tisch oder Stuhl zu legen, und jedes Mädchen hebt dann die falsche Mappe auf. In der ursprünglichen Inszenierung ließ Gwen einen Handschuh fallen usw., aber es ist nicht wichtig, auf welche Weise diese Verwechslung zustandekommt, nur muß sie s i c h t b a r vor sich gehen.

Gwen ist jetzt soweit, um die Bibliothek zu verlassen, und nimmt Lenins Mappe mit.

Auch Cecily geht ab, nicht durch die Tür, sondern in die Kulisse.

Nadja tritt auf, während Gwen abgeht. Sie stoßen zusammen und beide entschuldigen sich, Gwen auf deutsch, Nadja auf russisch (prostitje = Entschuldigung).

Nadja ist aufgeregt. Sie blickt sich nach ihrem Mann um und geht geradewegs auf ihn zu. Sie sprechen russisch miteinander.

NADJA: Wolodja!

LENIN: Schto takoje? (Was ist los?)

NADJA: Bronski prischol. On skasal schto v Peterburge revolutsia! (Bronski ist zu uns ins Haus gekommen. Er sagt, in Sankt Petersburg ist Revolution!)

LENIN: Revolutsia!

In diesem Augenblick steht Joyce auf, beginnt auf und ab zu gehen und sucht in seinen Taschen nach winzigen Papierstücken, auf denen er zu einem früheren Zeitpunkt Dinge notiert hat, die er vielleicht verwenden möchte. Während die Lenins ihr Gespräch fortsetzen, fischt Joyce eins nach dem andern dieser Papierstücke heraus und liest vor, was er auf ihnen findet.

Joyce *blickt auf seinen ersten Fund*: ‹Grämliches Ergötzen ... Aquinas Fassbauch ... Frate porcospino ...›
Er beschließt, diese Notiz nicht zu verwenden, knüllt sie zusammen, wirft sie weg und sucht ein zweites Papierstück ...
‹Und alle Schiffe brucken ...›
Dieses will er behalten, darum steckt er es wieder ein. Er holt ein anderes hervor.
‹Entweder Transsubstantialität oder Konsubstantialität, aber keinesfalls Substantialität ...›
Auch dieses beschließt er zu behalten. Inzwischen *haben die Lenins ihr Gespräch auf folgende Art fortgesetzt:*
LENIN: Otkuda on snajet? (Woher weiß er das?)
NADJA: Napisano v gasetach. On govorit schto Zar sobiraetsa ortretschsja ot prestola! (Steht in den Zeitungen. Er sagt, der Zar wird abdanken.)
LENIN: Schtoty! (Nein!)
NADJA: Da! (Ja!)
LENIN: Eto v gasetach? (Steht das in den Zeitungen?)
NADJA: Da – da. Idiom damoi. On schdjot. (Ja – ja. Komm nach Hause. Er wartet.)
LENIN: On tam? (Ist er da?)
NADJA: Da! (Ja!)
LENIN: Gasetach u njewo? (Hat er Zeitungen?)
NADJA: Da! (Ja!)
LENIN: Ty sama widjela? (Du hast es selbst gesehen?)
NADJA: Da, da, da! (Ja, ja, ja!)
Aber Joyces Stimme hat diesen Teil des Gesprächs übertönt. Jetzt bemerkt er ein weiteres Stück Papier, das auf dem Boden liegt: Lenin hat es unabsichtlich fallen lassen. Joyce hebt es auf. Nadja verläßt die Bibliothek durch die Tür. Lenin sagt auf russisch:
LENIN: Idti nazad i skaschi jemu schto ja prichoschu. Tolka posbiraju swoji bumaji. (Geh schon nach Hause. Ich packe meine Papiere zusammen und komme dir nach.)
Lenin rafft seine Papiere zusammen. Joyce prüft das herabgefallene Papier.
JOYCE: ‹General Electric, USA. 250 Millionen Mark, 28 000 Arbeiter ... Profit 254 000 000 Mark ...›
Lenin erkennt diese Worte. Er hält inne und geht dann auf Joyce zu.
LENIN: Pardon! ... Excuse me! ... Scusi! ... Bitte um Entschuldigung!
JOYCE *reicht ihm das Papier*: Je vous en prie! Please. Prego. Das ist doch ganz in Ordnung.
Lenin ab. Joyce ist jetzt allein.

Deklamiert:
Eine Bibliothekarin aus Zürich
die so klug war wie äußerst verführ(er)isch
hatte stets ihre Not
mit dem Schweigeverbot
und rief immer nur flehentlich –
CECILY *tritt ein wie vorher*: Sch – sch – sch!
Joyce entspricht ihrer Aufforderung, setzt seinen Hut auf, nimmt seinen Stock und geht, während sie ihn mißbilligend ansieht, schlendernd und singend ab:
JOYCE: If you ever go across the sea to Ireland ...
It may be at the closing of the day ...
you can sit and watch the moon rise over Claddagh
and watch the sun go down on Galway Bay ...
(Wenn ihr jemals übers Meer nach Irland segelt,
und ihr tut es, wenn der Tag sich neigt,
könnt ihr sehen, wie die Sonne sinkt bei Galway
und der Mond bei Claddagh in den Himmel steigt.)
Jetzt gehört die Bühne dem alten Carr. Die Bibliothek wird durch das Zimmer ersetzt. Es versteht sich von selbst, daß diese Verwandlung so reibungslos wie möglich vor sich gehen soll und die Musik dabei den Übergang erleichtert.
(Anmerkung: Bei der Uraufführung enthielt das Zimmer ein Klavier, das verschiedentlich vom alten Carr benützt wurde; in diesem Fall spielte der alte Carr – sehr schlecht – die Melodie des Liedes Galway Bay, während das Bühnenbild sich verwandelte. Das Klavier befand sich ständig vorn rechts auf der Bühne. Es ist möglich, Carr von allem Anfang an unbeweglich auf der Bühne zu postieren, als einen alten Mann, der seinen Erinnerungen nachhängt ...)
CARR: Er war Ire, natürlich. Nicht gerade aus Limerick – er war aus Dublin, Joyce, wie jeder weiß, sonst hätte er das Buch ja nicht schreiben können. ‹Ein schneidiger Jüngling aus Dublin, tan ti tam ritt gemächlich im Trab hin› ... Ich war ganz geschickt im Reimen, aber der Konsulardienst fördert so ein Talent ja nicht. Hat nicht viel übrig für Poesie, der Konsulardienst, unterstützt sie nicht, legt keinen Wert darauf. Ich meine, man könnte nicht sagen, ein Gefühl für Reim und Versmaß wäre die Conditio sine qua non, wenn man's im Konsulardienst zu was bringen will ... Hat es freilich auch nicht ausgesprochen mißbilligt, das will ich nicht sagen, im Gegenteil, es sind ja zumeist sehr gebildete und kultivierte Leute, allen Künsten durchaus zugetan – man muß nur denken, wie wir überhaupt zusammenkamen, ich und Joyce, hier in diesem Zimmer, hatte jede Hilfe, ein

Theaterereignis ersten Ranges, großer Erfolg, persönlicher Triumph in der Rolle des Bunbury, nein, nicht des Bunbury, dieses anderen, gleich am Anfang – ‹Haben Sie die Gurkenbrötchen für Lady Bracknell richten lassen?›, trotz der unseligen Folgen, die das Ganze nach sich zog. Irischer Flegel. Nehm's ihm aber nicht mehr übel, nach all den Jahren, wo er längst unter der Erde liegt da oben auf dem Friedhof, niemand hat's dem anderen nachgetragen, wenn es auch lästig war, wegen ein paar Franken vors Gericht gezerrt zu werden – um das Geld ging's ja nicht in erster Linie, auch nicht um die Hosen –, aber wie dem auch sei, alles in allem, wenn ich ehrlich bin: die Förderung der lyrischen Dichtung war eben nicht das wichtigste Anliegen des britischen Konsulats in Zürich im Jahre 1917, und jetzt hab ich die Begabung dafür verloren. Zu spät, zu spät, die Zeit vergeht, Talent verweht, auch wenn der Wunsch noch besteht. Aber ich schweife ab. Kein Grund, sich zu entschuldigen, denn was ist ständiges Abschweifen, wenn nicht die Würze seniler Erinnerung?
Meine Memoiren also, ja? Mein Leben und Streben im Schatten der Titanen, Begegnungen mit James Joyce, James Joyce, wie ich ihn kannte. James Joyce, wie ich ihn sah. Vor Gericht mit James Joyce ... Wie war er denn überhaupt, James Joyce, das werd ich oft gefragt. Es stimmt, daß ich ihn auf der Höhe seiner Fähigkeiten kannte, in voller Blüte seines Genies, als er den ‹Ulysses› schrieb, lange bevor ihn das Erscheinen dieses Werkes und sein Ruhm in ein öffentliches Monument verwandelt hatten, eine Zielscheibe für pilgernde Kameras, meist in einer Samtjacke unbestimmter Farbe, weil das Fotografieren damals noch eine schwarz-weiße Angelegenheit war, aber vermutlich marineblau, wenn nicht kaminrot, in der Hand ein Büschel ultravioletter Veilchen, die ja nicht zu entwickeln sind, genug, genug, ich kann das im Schlaf, Kaviar fürs Volkstheater, nun also, Begegnungen mit James Joyce ... fangen wir an.
Für Leute wie mich, die ihn kannten, bestand kein Zweifel an Joyces Genie. In seiner Gegenwart wurde man sich eines erstaunlichen Intellekts bewußt, der darauf gerichtet war, sich zur permanenten Form seines eigenen Monuments zu verdichten – jenes Buches, das die Welt nunmehr als ‹Ulysses› kennt. Wir nannten es damals freilich – hoffentlich läßt mich mein Gedächtnis nicht im Stich – nach seinem ursprünglichen Titel ‹Blume von Szombathely›.
Ein prüder, schlauer Mann, Joyce, keineswegs ausschweifend oder ordinär, und doch gesellig, ohne verschwenderisch zu sein, gleichwohl nicht spröde gegenüber harter Währung in all ihren eintauschbaren und übertragbaren Formen, von welchen er freilich der Welt nicht mehr als sein Auskommen abverlangte, voll mönchischer Verachtung

für irdischen und körperlichen Komfort, obwohl er sich zugleich den Reichtümern der menschlichen Gemeinschaft nicht verschloß, deren Verlockungen gegenüber er sich andererseits mit einer asketischen Zurückhaltung entzog, die nur durch plötzliche und katastrophale Verirrungen gemildert war – kurz, ein komplexer Charakter, ein Rätsel, ein von innerem Widerspruch zerrissener Verkünder der Wahrheit, ein versessener Prozessierer, im Grunde aber doch ein Privatmann, der seinen völligen Verzicht darauf, öffentliches Interesse zu erregen, allgemein anerkannt zu sehen wünschte – kurz, ein Lügner und Hyprokrit, ein knickriger, schmarotzender, verhurter Trunkenbold, für den jedes Wort zu schade ist, so, das hätt ich hinter mir. Erinnerungen eines Konsularbeamten, mit Blitzlicht und Büchse in der lichtesten Schweiz, Leiden und Freuden im Zürcher Konsulatsleben während des Ersten Weltkriegs: eine Skizze.
's war in der geschäftigen Metropole der eilig dahingleitenden Trambahnen und gewaltigen grauen Banken, der Steinstufen hinauf zum Großmünster und mondänen Restaurants an den Steinufern der eilig dahingleitenden schleimgrünen – mucus mutandis – Limmat, der schimmernden Häuserfluchten und Flüchtlinge aller Art, zum Beispiel Lenin ... das wär vielleicht was ... Lenin, wie ich ihn kannte, Lenin, wie ich ihn sah. Auf halbem Weg zum Finnland-Bahnhof mit W. I. Lenin: eine Skizze. Wie gut entsinne ich mich noch meiner ersten Begegnung mit Lenin, oder wie er auf seinem Bibliotheksausweis hieß: Wladimir Iljitsch Uljanow. In seiner Gegenwart zu weilen, das bedeutete, sich einer komplexen Persönlichkeit bewußt zu sein, enigmatisch, magnetisch, aber so viel ich weiß nicht astigmatisch, davon war in seinen stechenden braunen Augen – wenn ich mich recht erinnere – nichts zu sehen. Im Grunde seines Wesens ein schlichter Mensch, und doch ein intellekueller Theoretiker, dem an nichts anderem lag, wie mir damals bereits klar war, als an der offenbar unmöglichen Aufgabe, die zivilisierte Welt in einen Bund von permanent tagenden Arbeiterräten zu verwandeln. Wann immer ich ihm meine Hand hinhielt, diesem dynamischen diminutiven, aber keineswegs dynastischen Fremdling, der mit seiner schönen blonden Haartolle, die ihm in die Stirn fiel, einem offenherzigen skandinavischen Seefahrer glich – hallo, hallo, hallo, mir scheint, der hat den falschen Kerl erwischt? Mach dir nichts draus, im Grabe sind wir alle gleich, das ist die höhere Weisheit. Tatsache ist, w e r war – ohne Rücksicht auf den historischen Aspekt und das Fotoalbum, Roter Platz bis auf den letzten Winkelzug besetzt mit genoziden Genossen, und jetzt unser Hauptredner, schütteres Haar, Kinnbart, zweireihiger Anzug mit Weste, du lieber Gott, wenn das nicht Uljanow

ist, hab ihn gut gekannt, saß doch immer zwischen dem Fenster und ‹Volkswirtschaft A–K› und so weiter und so weiter – na, lassen wir das, also, was w a r er Radek oder Radek i h m, daß er um ihn sollt weinen, oder Martow, Martinow, Plechanow, wer war er denn überhaupt, 1917 in Zürich? Café-Verschwörer, nicht mehr. Schneebälle in der Hölle. Lenin: seine Chance war eine Million zu eins. Denk doch bloß, wie sie damals diese Zusammenkunft hatten!
‹Sozialdemokraten für Bürgerkrieg in Europa.› Zahl der Anwesenden: vier. Uljanow, Frau Uljanow, Sinowjew und ein Polizeispitzel. Und jetzt will man von mir wissen, wie er damals war. Wie war er, Lenin, werd ich oft gefragt. *Er rafft sich auf.* Für Leute, die ihn kannten, bestand kein Zweifel an Lenins Größe.
Er gibt wieder auf.
Warum hast du dann nicht mal e i n Pfund Sterling auf ihn gesetzt, du wärst ein Millionär heute, wie der Kerl, der sechs Pence gegen die Titanic setzte. Nein. Der Wahrheit die Ehre, wer hätte je gedacht, daß die Bäume in der Spiegelgasse 14 so in den Himmel wachsen würden? Ja, da haben wir ein Ding: zwei Revolutionen i n d e r s e l b e n S t r a ß e entstanden. Vis-à-vis in der Spiegelgasse. Straße der Revolution: eine Skizze. Ausgehend von der traurig dahingleitenden schlammgrünen Limmat schlagen wir eine westliche Richtung ein und sind erst mal bis auf die Haut durchnäßt, nun aber schlagen wir die östliche Richtung ein und erreichen das Niederdorf, die Altstadt von Zürich, weit hinter uns die geschäftliche Metropole der tickenden Banken und summenden Uhren, denn die Zeit steht still in diesem Dikkicht der Durchhäuser und Schlupfwinkel, und wer hat schon Vertrauen in schweizerische Bordelle, Lasterhöhlen in Laubsägearbeit, reiß dich doch zusammen, Verzeihung, Verzeihung, zweite rechts, dritte links: Spiegelgasse! Schmal, Kopfsteinpflaster, schlecht fürs Schuhwerk, hohe alte Häuser, eng aneinandergedrängt, Nummer 14 das Haus des Schusters, Kammerer hieß er, Lenin war sein Untermieter – und vis-à-vis, über die Straße hinweg, auf Nummer 1, das Cabaret Voltaire, Taufbecken der Anti-Kunst, Wiege des Dada!!! Wie? Was? Da – di – da – di – da? Ihr wißt doch, Dada! Historische Zwischenstufe vom Futurismus zum Surrealismus, zwischen Marinetti und André Breton, zwischen den Vorkriegsjahren und den Zwischenkriegsjahren – Dada! – nieder mit dem Verstand, der Logik, der Kausalität, der Kohärenz, nieder mit Tradition, Proportion, Sinn und Konsequenz, denn eben wo Begriffe fehlen, dada stellt ein Wort zur rechten Zeit sich ein – nun ja, Erinnerungen an Dada von einem Konsulatsfreund berühmter Männer im alten Zürich: eine Skizze.
Wo warst du im Kriege, Dada, fragt man oft. Wie fing es an, und

wo, und wann? Was war es, wer hat es so genannt, und warum Dada? Dies sind nur einige der Fragen, die Dadaisten in aller Welt nach wie vor verwirren. Für unsereinen, der mit Dada lebte, war es der Höhepunkt westlicher Kultur, topographisch gesprochen – ach, ich entsinne mich, als wär es gestern noch gewesen, wie Hugo Ball – oder war es Hans Arp? Ja! – nein – war's nicht Picabia – oder nein, Tzara, ja der – wie er seinen Namen mit einem Spazierstock in den Schnee schrieb und ausrief: ‹Da! Ich glaube, ich nenne das die Alpen.› Ach, wo ist das ‹Ja› und ‹Nein› vom vergangenen Jahr? Denk ich der Stunden ... Fern über den rosigen Hügeln das Donnern der Feldhaubitzen, nicht lauter als der dumpfe Aufprall eines Schneehäufchens, das vom Dach auf die Straße fällt – o himmlisches Glück, davon gestreift zu werden, leicht getroffen zu werden – gesegnet mit dem Blut einer unwesentlichen Wunde und entlassen in die Obhut der schneebedeckten Berge – ach, Schweiz, Schweiz, aufgerollt wie eine weiße Fahne, friedliche zivilistische Schweiz – diese wunderbare Neutralität, diese nicht kriegsteilnehmerische Unparteiischkeit, dieser Nichtangriffspakt, dieses internationale Rote Kreuz der Schweiz – Entente rechts, Entente links, das Weltkind in der Mitten.

Carr vom Konsulat – Vorname Henry, das wenigstens steht außer Zweifel, in den Büchern komme ich vor. Im übrigen bin ich bereit, auf jede Diskussion hinsichtlich von Einzelheiten oder Chronologie einzugehen, aber nur, wenn es brieflich geschieht – ich nehme jede Art von Korrektur entgegen, nur nicht, was meine Größe betrifft, denn die muß ungefähr stimmen, und den Erfolg meiner darstellerischen Leistung, die ich noch genau in Erinnerung habe, in der anstrengenden Rolle des Bunbury, nein, nicht des Bunbury, dieses anderen – d a s, und das Gefühl äußerster Erleichterung, als ich an diesem Ruhepunkt angelangt war, in dieser Schweiz, dem ruhenden Punkt im Zentrum des Kriegsrades, denn darauf kommt es hier an –

Carr ist jetzt ein junger Mann in seinem Salon im Jahre 1917. Im Idealfall sollte der Schauspieler nur einen Hut oder Schlafrock ablegen – keine Perücke, keinen Bart und keine Schminke. Carrs Alter hatte in seiner Stimme gelegen.

– von der Schweiz muß man vor allem wissen, daß sie nicht im Krieg ist. Selbst wenn ü b e r a l l K r i e g i s t, in der Schweiz ist kein Krieg.

BENNETT: Sehr wohl, Sir.

Bennett ist mit einem Tablett mit Teegeschirr und belegten Brötchen für zwei Personen eingetreten.

CARR: Es ist diese völlige Abwesenheit jeder Kampflust, gepaart mit einer ostentativen Pünktlichkeit aller öffentlichen Uhren, die diesem Land seinen vertrauenerweckenden Anstrich von Dauerhaftigkeit verleiht. Die Schweiz, so spürt man instinktiv, wird sich nicht aus dem Staube machen. Sie wird sich auch in nichts anderes verwandeln. Gewiß haben Sie genügend Hinweise auf die heilsame Wirkung der Schweizer Luft vernommen, Bennett. Die Ursache dieser Wirkung ist ihre Dauerhaftigkeit.

BENNETT: Sehr wohl, Sir.

CARR: Verzweifelte Menschen, welche die Uhr dreizehn schlagen hörten im Elsaß, in Triest, in Serbien und Montenegro, denen der Boden unter den Füßen wankte in Estland, Österreich-Ungarn und dem osmanischen Reich, bemerkten ein paar Atemzüge nach ihrer Ankunft in der Schweiz, daß das Gesumme und Geläute in ihren Ohren sich reguliert hat und zu einem besänftigenden Tick-Tack geworden ist und daß der Boden unter ihren Füßen, mag er auch in jedem Falle abschüssig sein, doch so unbeweglich dasteht wie eine Alm.

Heute abend ist mir nach einem Theaterbesuch zumut. Legen Sie mir die Hose mit den blauen Atlasstreifen zurecht und den seidenen Cut. Ich werde die opalenen Hemdknöpfe tragen.

BENNETT: Sehr wohl, Sir. Ich hab die Zeitungen und Telegramme auf die Anrichte gelegt, Sir.

CARR: Irgendwas Interessantes?

BENNETT: Die Neue Zürcher Zeitung und die Zürcher Post melden jeweils einen wichtigen alliierten oder deutschen Sieg, wobei jede Seite einen Terraingewinn verzeichnet, nachdem sie dem Gegner heftige Verluste zugefügt hatte, ohne selbst welche zu erleiden.

CARR: Ach – ja ... der Krieg! Arme Teufel! Ich wollte, ich könnte in den Schützengraben zurück! Zu meinen tapferen Kameraden – dieser wunderbare Kampfgeist da draußen im Schlamm und Stacheldraht – diese mutigen Tage und angstvollen Nächte. Ha, welche Lust, welche Qual, Soldat zu sein. O Schuß und Schirm! Du lieber Gott, schon wieder einer tot, im Morgenrot. Der Leichengestank! Herr Jesus, von allen Dummköpfen im Stich gelassen, zur Hölle verdammt – ora pro nobis, helft mir heraus! Den seidenen Cut, wenn ich bitten darf, Bennett. Die rot durchschossene Krawatte, gestärkt und gefaltet, wie sich's gehört, mit einer einfachen Nadel geschmückt, dazu die Hose mit den blauen Atlasstreifen.

Im Knopfloch die Blume von Szombathely. Ich werde die opalenen Hemdknöpfe tragen.

BENNETT: Sehr wohl, Sir. Ich habe die Zeitungen und Telegramme auf die Anrichte gelegt, Sir.

CARR: Irgendwas Interessantes?

BENNETT: Der Krieg beherrscht weiter die Schlagzeilen, Sir.

CARR: Ach ja ... der Krieg, immer der Krieg ...

Ein paar Bemerkungen zu dem Vorangegangenen: Die Szene – wie der Großteil des Stückes – wird beherrscht von dem unberechenbaren und schwankenden Erinnerungsvermögen des alten Carr, das nicht sonderlich zuverlässig ist, sowie von seinen verschiedenen Vorurteilen und Wahnvorstellungen. Ein Ergebnis davon ist, daß die Handlung – gleich einer Spielzeugeisenbahn – zuweilen von den Schienen springt und an dem Punkt, wo sie ausgeartet ist, von neuem gestartet werden muß.
In dieser Szene gibt es verschiedene solcher ‹Zeitrutsche›, die durch die Wiederholungen des Wortwechsels zwischen Bennett und Carr über die ‹Zeitungen und Telegramme› angedeutet werden.
An späterer Stelle im Stück kommen ähnliche Zyklen vor, wenn Carrs Gedächtnis eine Szene fallenläßt und sie dann mit einem wiederholten Satz wiederaufnimmt, z. B. Carr und Cecily in der Bibliothek. Es wäre zu empfehlen, diese Augenblicke besonders zu unterstreichen, indem man ein nicht dazugehöriges Geräusch oder einen Lichteffekt, oder beides, verwendet. Der künstlich verstärkte Klang einer Kuckucksuhr etwa wäre angemessen, da es sich um das Vergehen von Zeit und um die Schweiz handelt. In diesem Fall könnte eine realistische Kuckucksuhr zu sehen sein, die während der ‹Hier und jetzt›-Szene des ersten Monologes des alten Carr die Stunde schlägt. Auf keinen Fall darf die Wirkung dieser Zeitrutsche verwirren; es muß klargemacht werden, um was es sich handelt.
Ich war bei meinem Couturier in der Saville Row, als ich die Nachricht hörte, unterhielt mich gerade mit dem ersten Zuschneider bei Drewitt und Madge, in einem Anzug mit Hahnentrittmuster, etwas ausgestellt am Knie, recht ungewöhnlich. Der alte Drewitt, vielleicht war's auch der alte Madge, kam rein und sagte es mir. Hab den Hunnen nie getraut, sag ich. Boche, sagt er, und ich, der das Wort nicht kannte und dachte, er wolle sagen, Quatsch, drehte mich auf der Stelle um und ging nebenan zu Trimmett und Punch, wo ich mir ein Paar Tweed-Knickerbockers komplett mit Jacke bestellte, hinten doppelt geschlitzt. Als die dann fertig wurden, war ich schon in Frankreich. Eine große Zeit! Der Morgen dämmerte über dem Niemandsland. Tautropfen glitzerten auf den Mohnblumen in den ersten Strahlen der Sonne. Im Westen nichts Neues. Alles in Blei, alles auf Zack, trara trara trara.
BENNETT: Ein Herr war da, Sir. Er konnte nicht warten.
CARR: Was wollte er denn?
BENNETT: Das geruhte er nicht zu sagen, Sir. Er ließ seine Karte zurück.
Reicht sie ihm auf einem Tablett.
CARR: ‹Tristan Tzara. Dada dada dada›. Hat er gestottert?

BENNETT: Er sprach Französisch mit rumänischem Akzent und trug ein Monokel.
CARR: Offenbar versucht er, sich als Spion auszugeben. Diese Art von Geltungsdrang ergreift in Zürich, wie mir scheint, während eines europäischen Krieges weite Kreise und trägt sehr zu den Unannehmlichkeiten durch jene w i r k l i c h e n Spione bei, die sich miteinander verschworen haben, alle Tische im Café Odeon und Café de la Terrasse zu besetzen, so daß kein Mensch mehr einen Platz bekommt.
BENNETT: Ich habe ihn mit einer Gruppe von Freunden im Café Terrasse sitzen sehen, Sir. Ob sie Verschwörer waren, weiß ich freilich nicht.
CARR: Sich als Verschwörer auszugeben oder jedenfalls Französisch mit einem rumänischen Akzent zu sprechen und ein Monokel zu tragen, ist mindestens so schlimm wie wirklich einer zu sein. Im Grunde noch schlimmer, da es einen unredlichen Eindruck von Hinterlist erweckt und überdies zu einer völlig grundlosen Überfüllung der Kaffeehäuser führt, weil sie weder durch geheime Machenschaften noch durch echten Verrat verursacht wird – war es schließlich nicht La Rochefoucauld, der in seinen Maximen sagte, ein Herr fände es schwer, in Zürich im Frühling während eines Krieges einen leeren Sitzplatz zu finden, weil so viele falsche Spitzel jene Polizeispitzel bespitzeln, die Spitzel beim Bespitzeln ihrer Gegenspitzel bespitzeln – w a s f ü r e i n v e r d a m m t e s L a n d , s o g a r d e r K ä s e i s t v o l l e r L ö c h e r ! *Schon wieder abgerutscht. Carr hat während der eben geäußerten Worte das Innere eines Käsebrötchens vergewaltigt.*
BENNETT: Sehr wohl, Sir. Ich habe die Zeitungen und Telegramme auf die Anrichte gelegt, Sir.
CARR: Irgendwas Interessantes?
BENNETT: In Rußland ist eine Revolution ausgebrochen, Sir.
CARR: Wirklich? Was für eine Art von Revolution?
BENNETT: Eine soziale Revolution, Sir.
CARR: Eine soziale Revolution? Alleinstehende Frauen, die in der Oper rauchen wollen, in der Art?
BENNETT: Nicht genau, Sir. Liegt mehr auf der Linie eines Klassenkampfes, dem die fissiparische Labilität der russischen Gesellschaft entgegenwirkt.
CARR: Was verstehen Sie unter Klassen?
BENNETT: Herren und Knechte. Sozusagen, Sir.
CARR: Ach. Herren und Knechte. K l a s s e n .
BENNETT *ausdruckslos wie immer*: Es hat Gewaltanwendungen gegeben.
CARR: So. Na, das wundert mich nicht im geringsten, Bennett. Ich will mich ja nicht rühmen, alles vorher gewußt zu haben, aber jeder, der

nur halbwegs mit der russischen Situation vertraut ist, konnte sehen, daß der Tag nicht fern war, an dem die ausgebeutete Klasse, enttäuscht durch die Vernachlässigung ihrer Interessen, beunruhigt durch die fortschreitende Entwertung des Rubels und vor allem unerträglich aufgereizt durch die freche Raubgier ihrer Bedienten, sich auf all diese Butler, Lakaien, Köche und Kammerdiener stürzen würde ... nebenbei gesagt, Bennett, ich sehe aus Ihrem Wirtschaftsbuch, daß Donnerstag abend, als Monsieur Tzara mit mir dinierte, acht Flaschen Champagner als geleert angeschrieben wurden. Ich hatte schon mehrmals Gelegenheit, Bennett, Ihnen die Tugend der Mäßigung in Erinnerung zu rufen. Diesmal will ich nur sagen: denken Sie an Rußland.

BENNETT: Sehr wohl, Sir. Ich habe die Zeitungen und Telegramme auf die Anrichte gelegt, Sir.

CARR: Irgendwas Interessantes?

BENNETT: Der Zar hat jetzt abgedankt, Sir. Es gibt eine Provisorische Regierung, geführt vom Fürsten Lwow, mit Gutschkow als Kriegsminister, Miljukow als Außenminister und dem Sozialisten Kerensky als Justizminister. Der Einbezug Kerenskys ist darauf berechnet, die Regierung einer breiten Basis im Volk zu empfehlen, aber die Wirksamkeit ihrer Autorität wurde bereits in Frage gestellt durch ein Komitee von Arbeiterräten, den sogenannten Sowjet, der im Augenblick alle sozialistischen Richtungen unter einen Hut gebracht hat. Immerhin besteht keine unmittelbare Aussicht, daß die Sozialisten die Macht ergreifen, denn sie betrachten die Revolution als Erfüllung der Vorhersage von Karl Marx, daß es in Rußland auf dem Wege zum Sozialismus eine bürgerlich-kapitalistische Ära geben wird. Zufolge dem marxistischen Dogma hat ein Land nicht die Möglichkeit, von der Autokratie unmittelbar in den Sozialismus zu springen; zwar ist der E n d s i e g des Sozialismus unvermeidlich, da er das notwendige Ziel der Auswirkung des dialektischen Materialismus darstellt, aber zugleich muß ihm eine bürgerlich-kapitalistische Entwicklungsphase vorausgehen. Wenn die Zeit reif dazu ist, und nicht früher, wird eine zweite Revolution stattfinden, geführt von den organisierten Industriearbeitern, dem ‹Proletariat›, das eine zeitweilige Diktatur errichten wird, um den Übergang des Staates in eine wahre kommunistische Utopie zu sichern. Daher ist es die Pflicht der russischen Marxisten, die gegenwärtige bürgerliche Revolution willkommen zu heißen, selbst wenn es mehrerer Generationen bedarf, um sie durchzuführen, falls das Beispiel Westeuropas und der Vereinigten Staaten hier anwendbar ist. Wie die Dinge liegen, kann man annehmen, soweit man irgend etwas annehmen kann, daß Rußland auf dem besten Wege ist,

eine parlamentarische Demokratie nach britischem Muster zu werden.
CARR: Zeitungen oder chiffriertes Telegramm?
BENNETT: Die übereinstimmende Meinung der neuesten Londoner Tageszeitungen und politischen und humoristischen Wochenzeitschriften, und Gerüchte, wie sie in Zürich von einer Anzahl von Spionen, Gegenspionen, Radikalen, Künstlern und Gesindel aller Art verbreitet werden. Monsieur Tzara war hier, Sir. Er konnte nicht warten.
CARR: Mir paßt das nicht, Bennett, daß Sie sich dieser neuen Mode der ‹freien Assoziationen› bedienen. Ich sehe ein, daß ganz Zürich eine Manie dafür hat – selbst in den achtbarsten Salons ist heutzutage der Versuch, einem Gespräch zu folgen, soviel, als läse man jede zweite Zeile eines Sonetts – aber wenn die dienende Klasse die Modetorheiten der Gesellschaft nachzuahmen bestrebt ist, steht uns nur Verfall und Ruin bevor.
BENNETT: Tut mir leid, Sir. Es ist ja nur, daß Monsieur Tzara als Künstler –
CARR: Ich dulde nicht, daß Sie Moralurteile über meine Freunde fällen. Wenn Monsieur Tzara ein Künstler ist, dann ist das s e i n Unglück.
BENNETT: Sehr wohl, Sir. Ich habe die Zeitungen und Telegramme auf die Anrichte gelegt, Sir.
CARR: Irgendwas Interessantes?
BENNETT: In Sankt Petersburg hat die Provisorische Regierung nunmehr ihren Entschluß bekanntgegeben, den Krieg weiterzuführen, und sich dadurch die Sympathien der Briten und Franzosen erworben. Hingegen hält das Komitee der Arbeiterräte, der Sowjet, den Krieg lediglich für ein imperialistisches Abenteuer, das auf Kosten der Arbeiter auf beiden Seiten durchgeführt wird. Wer sich an diesem Abenteuer beteiligt, soll mit einem neuen Ausdruck gebrandmarkt werden, der in der Übersetzung ungefähr lautet ‹Speichelleckender kapitalistischer Lakai› – meiner Meinung nach unnötig beleidigend.
CARR *lässig*: Ich glaube nicht, Bennett, daß mich Ihre Ansichten sonderlich interessieren.
BENNETT *entschuldigt sich*: Sie s i n d auch nicht besonders interessant, Sir. Immerhin hat der Sowjet den Soldaten und Matrosen befohlen, die Anordnungen der Provisorischen Regierung zu mißachten. Das hat ihm die entsprechende Sympathie der Deutschen eingetragen. Indessen ist die Einigkeit der Linken noch nicht völlig hergestellt. Eine extremere Haltung wird von der bolschewistischen Partei eingenommen. Ihr zufolge hat irgendeine nicht genau bezeichnete, aber einzigartige und von Marx nicht vorhergesehene Komponente der russischen Situation bewirkt, daß die bürgerlich-kapitalistische Ära der

russischen Geschichte sich in die paar letzten Tage zusammengedrängt hat und die Zeit jetzt reif ist für die proletarische Revolution. Darüber hinaus sagen die Bolschewiken, daß die Soldaten alle Offiziere erschießen und den Krieg in einen europäischen Bürgerkrieg verwandeln sollen. Freilich sind die Bolschewiken nur eine kleine Minorität im Sowjet, und ihr Führer, Wladimir Uljanow, mit einem Wort Lenin, war seit der fehlgeschlagenen Revolution von 1905 im Exil und lebt bekanntlich in Zürich.

CARR: Gewiß.

BENNETT: Sehr wohl, Sir – wenn ich La Rochefoucauld zitieren darf: ‹Quel pays sanguinaire, même le fromage est plein des trous.› Lenin macht verzweifelte Anstrengungen, nach Rußland zurückzukehren, aber natürlich verweigern ihm die Alliierten den freien Durchzug.

Da Lenin fast der einzige ist, der die bolschewistische Orthodoxie verkündet, die ja in Wahrheit seine Hervorbringung ist, gelten seine Ansichten für nichts in Sankt Petersburg, wo vermeintliche Bolschewiken wie Kamenew und Stalin eine gemäßigte Linie verfolgen. Wer eine Wette abschließen wollte, würde die Chance, daß Lenins Standpunkt siegt, auf etwa eine Million zu eins bewerten. Ihnen wird indessen nahegelegt, alle Maßnahmen zu treffen, um sich seiner Pläne zu vergewissern.

CARR: Die übereinstimmende Meinung der humoristischen und intellektuellen Wochenschriften?

BENNETT: Telegramm vom Minister. *Er wendet sich zum Gehen.*

CARR: Eine Million zu eins.

BENNETT: Ich würde ein Pfund auf ihn wetten, Sir.

CARR: Sie kennen ihn?

BENNETT: Jawohl, Sir. Und wenn noch irgendein Zweifel besteht – die Londoner Zeitungen sind überzeugt davon, der Mann, den man im Auge behalten muß, sei Kerensky.

Bennett ab.

CARR *beiseite*: Bennett legt beunruhigende Zeichen von Ironie an den Tag. Ich habe immer gefunden, daß Ironie bei den unteren Ständen das Zeichen eines erwachenden Sozialbewußtseins ist. Man wird abwarten müssen, ob es auf die bewaffnete Ergreifung der Produktionsmittel hinausläuft oder sich im liberalen Journalismus erschöpft.

BENNETT *tritt ein*: Monsieur Tzara.

Tzara tritt ein, einen Strauß Gladiolen in der Hand. Bennett zieht sich zurück.

CARR: Wie geht's, mein lieber Tristan? Was führt Sie zu mir?

Dieser Tzara (es wird noch einen anderen geben) ist ein absurder Rumäne. Sein Auftritt könnte sich zu passender Begleitmusik abspielen.

TZARA *überschwenglich*: Das Vergnügän. Das Vergnügän. Was sollt ä mich sonst irgändwohin führen? Ich sehe, wie üblich Sie essän, 'Enry? – 'allo – 'allo, was ist das mit die Teekannä etcetera? Sie erwarten Bäsuch? Es ist Gwendolän hoffäntlich? – Ich liebä sie, 'Enry – ich bin eigens gekommän in Tram, um ihr zu machen Heiratsantrag – ah – ha!

BENNETT *tritt ein*: Miss Gwendolen und Mr. Joyce.
Gwendolen und James Joyce treten ein. Bennett verharrt an der Tür. Gwendolen und Tzara sind einen Augenblick lang voneinander gefesselt. Das fällt kaum auf, denn Joyce hat seinen eigenen Auftritt inszeniert.

JOYCE: Schönen guten Morgen – James Joyce!
Will gleich sagen, ich bereu's
einfach so zu erscheinen
ohne Grund, sollt man meinen,
aber jetzt, wo ich da bin, was gibt's Neu's?
Dieser Joyce ist offenbar ein absurder Ire. Die ganze Szene spielt sich in Form von Limericks ab, darum ist, zugunsten besserer Übersichtlichkeit, der Text in Verszeilen angeordnet.

CARR: Tut mir leid – können Sie's wiederholen?

JOYCE: Gern – man hat mich an Sie empfohlen –
oder auch, um es klarer –

TZARA: Miss Carr! *Überreicht ihr den Strauß.*

GWEN: Monsieur Tzara!

JOYCE *sieht Tzara zum erstenmal*: Joyce mein Name! *Zu Gwen:* Leicht verwelkt, die Gladiolen.

GWEN *zu Tzara*: Vielen Dank! – Henry, höre,
Mr. Joyce gibt uns die Ehre –

CARR: Ich bin wirklich erfreut –

JOYCE: Stets zu Diensten –

TZARA: – bereit

JOYCE: Und verzeihen Sie mir, wenn ich störe.

CARR: Ist es wahr – Sie schreiben Gedichte?

JOYCE: Ach, Sie lesen mir's vom Gesichte?

CARR: Sie sind Ire? Aus Limerick?

GWEN: Henry, das ist ein starkes Stück!

JOYCE: Nein, aus Dublin – eine lange Geschichte.

GWEN: Er ist ein armer Autor, und war –

JOYCE: Nicht arm an Talent, das ist klar,
nur die Honorare, Sie verstehn –

TZARA: Er sucht einen Mäzen!

JOYCE: Ihre Freundschaft sei mir teuer, Mr. –

CARR *schluckt*: Carr.
GWEN: Monsieur Tzara dichtet sehr apart
auf ungewöhnliche Art
hält auch Vorträge seiner Werke
das ist seine große Stärke
wer ihn hört, hat sich ein Theater erspart.
JOYCE: Ich hab nicht das Gefühl, Mr. Carr
macht sich viel aus Da-dah –
TZARA: Wir nennen es Dah-da.
JOYCE: Er hat eher eine Ader
für heitere Unterhaltung – nicht wahr?
CARR: Wegen Geld sind Sie an der falschen Adresse.
GWEN: Ach, Henry, er dachte, du hättest Interesse
an dem Stück, das er inszeniert
wenn's mit deiner Hilfe reüssiert –
JOYCE: Vorerst ein paar Pfund für die Kasse!
CARR: Nun ja, die Regierung seiner Majestät
hat was übrig für die Pflege der ästhet-
ischen
TZARA: Ich bin absolut dagegän –
CARR: Muß ich mir noch überlegen.
JOYCE: Schon e i n Pfund würde reichen, wenn's geht.
CARR: Ja, die Deutschen machen in Kultur
für die Schweizer – wie heißt das nur?
TZARA: Connaisseurs –
JOYCE: Ah: die Macht der Gedanken!
Wie wär's mit fünfundzwanzig Franken?
Auch für zwanzig versuch ich die Tour.
TZARA *verächtlich*: Kultur und Vernunft!
JOYCE: Sagen wir zehn!
Dann werden wir weiter sehn.
GWEN: So ein geistreicher Mann!
JOYCE: Auf ein Pfund kommt's nicht an.
TZARA: Alle Literatur ist obszön.
Die Klassiker muß man zerreißen!
Gwen: Oh!
Beethoven! Mozart! Und wie sie auch heißen!
Gwen: Oh!
Morsches Holz, zum Abschlagen.
GWEN: Welcher Mut, das zu wagen!
TZARA: Logik, Kausalität sind zum Schsch ...
GWEN: So ein geistreicher Mann!

JOYCE *zu Bennett, mit ausgestreckter offener Hand*: Kommt es Ihnen drauf an?
GWEN: Und ich dachte schon, er will sagen ‹zum Scheißen›.
Zu spät schlägt sie die Hand vor den Mund. Carr hat eifrig nachgedacht.
CARR: Eine Gilbert- und Sullivan-Operette?
TZARA: Obszön!
CARR: Wirklich?
TZARA: Amici, salvete!
Guten Tag! Ciao! Adios!
GWEN: Au revoir
TZARA: Und vamanos!
BENNETT: Wenn er doch nur Manieren hätte!
Bennett schließt die Tür hinter Tzara und Gwen. Die ganze Szene war überspannt vom Anfang bis zum Ende. Jetzt ist sie vorbei, nur Joyce ist noch übrig.
JOYCE: Ich traf einen reimenden Rumänen
der machte Verse nach Roulette-Systemen
Auf den Zufall sich stützen
ist sicher von Nutzen
doch es löst auch nicht alle Probleme ...
Das Licht wird schwächer nach jedem Vers.
Ein Ire, den ich gut kannte
konnte dichten am laufenden Bande.
Doch war er zu keck,
lief die Muse ihm weg
zumindest, wie e r es nannte.
Läßt die Phantasie mich im Stich
dann empfehle ich mich
und sage nichts weiter als dieses:
auf mich wartet mein Ulysses.
CARR: Und auf mich wartet niemand als ich.
Joyce ist abgegangen. Pause. Schwaches Licht auf den reglosen Carr in seinem Stuhl.
Nun, wo waren wir stehengeblieben? Zürich, von einem einstigen Mann am Ort.
Normales Licht.
BENNETT *tritt ein*: Monsieur Tzara.
Tzara tritt ein, ohne Blumen. Bennett zieht sich zurück.
CARR: Wie geht's mein lieber Tristan? Was führt Sie zu mir?
TZARA: Das Vergnügen. Das Vergnügen. Was sollte mich sonst irgendwohin führen?

Tzara scheint genauso wie Carr aus Wildes ‹Bunbury› herausgetreten.
CARR: Ich weiß nicht, Tristan, aber diese utilitaristischen Ideen à la Bentham behagen mir nicht. Gewiß, ganz Zürich hat eine Manie dafür – selbst in den achtbarsten Salons kann man nicht erwähnen, daß man aus Pflichtgefühl erschienen ist, ohne die fürchterlichste Auseinandersetzung heraufzubeschwören. Aber wenn die Gesellschaft bestrebt ist, die Modetorheiten der Philosophie nachzuäffen, stehen uns nur Verfall und Ruin bevor.
TZARA: Wie üblich sind Sie beim Essen, Henry. Ich habe häufig festgestellt, daß stoische Grundsätze am leichtesten von Menschen mit epikuräischen Lebensgewohnheiten aufrechtzuerhalten sind.
CARR *steif*: Ich glaube, es ist Sitte, vor dem Lunch ein Glas Rheinwein mit Selterswasser zu trinken, und besser zu früh als zu spät vor dem Lunch. Ich hatte mir angewöhnt, meine Nerven durch Rheinwein mit Selterswasser zu beruhigen, als angegriffene Nerven in der guten Gesellschaft noch Mode waren. In dieser Saison sind Schützengrabenfüße in Mode, aber ich trinke meinen Rheinwein mit Selterswasser trotzdem, weil er mir bekommt.
TZARA: Ein klarer Kausalzusammenhang. Nur, daß auch die Kausalität durch den Krieg aus der Mode gekommen ist.
CARR: Wie unlogisch. Auch der Krieg hatte ja seine Ursachen. Ich habe sie im Augenblick vergessen, aber die Zeitungen waren damals voll davon. Irgendwas mit dem braven kleinen Belgien, nicht wahr?
TZARA: So? Ich dachte, es ging um Serbien ...
CARR: Braves kleines Serbien ...? Nein, ich glaube nicht. Die Zeitungen hätten nie gewagt, die englische Öffentlichkeit ohne Zuhilfenahme einer passenden Alliteration zu den Waffen zu rufen.
TZARA: Ach, was für ein Unsinn, mein Lieber.
CARR: Es mag Unsinn sein, aber zumindest ist es gescheiter Unsinn.
TZARA: Ich hab die Gescheitheit satt. Gescheite Leute versuchen immer, der Welt irgendeinen Plan aufzuzwingen, und wenn er fatal danebengeht, nennen sie es Schicksal. In Wahrheit ist alles Zufall, auch jeder Plan.
CARR: Das klingt ungeheuer gescheit. Aber was soll es heißen? Nicht, daß es unbedingt irgend etwas heißen muß.
TZARA: Es heißt, mein lieber Henry, daß die Ursachen, über die wir alles wissen, auf Ursachen beruhen, über die wir sehr wenig wissen, und diese wieder auf Ursachen, über die wir nicht das Geringste wissen. Es ist die Pflicht des Künstlers, die Wahnvorstellung, daß unendliche Reihen realer Endeffekte aus grobschlächtigen Beschreibungen angeblicher Ursachen abgeleitet werden können, zu verhöhnen und anzukläffen und anzurülpsen.

CARR: Es ist die Pflicht des Künstlers, das Dasein zu verschönern.
TZARA *klar und deutlich*: Dada dada dada dada dada dada dada dada dada dada dada dada dada dada dada dada dada dada dada dada dada dada dada dada dada dada dada dada dada dada.
CARR *nach kurzer Pause*: Ach, was für ein Unsinn, mein Lieber!
TZARA: Es mag Unsinn sein, aber zumindest ist es kein gescheiter Unsinn. Die Gescheitheit, wie so vieles andere auch, wurde durch den Krieg entlarvt.
CARR: Sie vergessen, daß ich mitten drin war, im Blut und Schlamm auf fremdem Feld, ein Gemetzel, wie die Weltgeschichte es noch niemals sah. Hab mir mehrere Paar Hosen ruiniert. Kein Mensch, der nicht im Schützengraben war, hat die blasseste Ahnung, was das für ein Grauen ist. Ich hatte kaum meinen Fuß auf französischen Boden gesetzt, da war ich schon bis zu den Knien im Dreck versunken in einem Paar Zwillich-Breeches mit schweinsledernen Gürtelspangen, handgenäht von Ramidge und Hawkes. Und so ging das weiter – mein federleichter Serge, der schwere Kammgarn, die Seiden-Flanell-Mischung – bis ich als Invalide entlassen wurde, nach einem Schuß durch die Wade eines unersetzlichen Paares aus khakifarbener Schafwolle in einer Webart nach meinen eigenen Angaben. Ich sage Ihnen, in der ganzen Schweiz läßt sich nichts damit vergleichen.
TZARA: Na, hören Sie, Henry, Ihre Hosen sehen doch immer –
CARR: Ich meine, mit dem Grabenkrieg.
TZARA: Nun ja, möglich, Henry, aber Sie hätten dieselbe Zeit auch als Künstler in der Schweiz verbringen können.
CARR *kühl*: Mein lieber Tristan, man ist ohnehin schon ein Künstler, wenn man während eines Weltkriegs in der Schweiz lebt. Im Jahre 1917 in Zürich ein Künstler zu sein, das erfordert ein Maß an Eigensucht, das die Augen des Narziß umnebelt hätte. Als ich zu Hamish und Rudge um ihr Musterbuch für Uniformstoffe schickte, geschah das aus einem Gefühl des Patriotismus und Pflichtbewußtseins, aus Freiheitsliebe, Haß gegenüber jeder Tyrannei und innerer Übereinstimmung mit allen Unterdrückten – ich meine das ganz allgemein, aus den Belgiern an sich hab ich mir nie viel gemacht. Außerdem könnte ich nirgends auf der Welt ein Künstler sein – ich kann nichts von all dem tun, was man Kunst nennt.
TZARA: Das zu tun, was man Kunst nennt, gilt nicht mehr als die wahre Aufgabe des Künstlers. Es wird sogar mißbilligt. Heutzutage ist derjenige ein Künstler, der d a s Kunst nennt, was er tut. Ein Mensch kann Künstler sein, indem er sein Hinterteil herzeigt. Er kann ein Dichter sein, indem er Wörter aus einem Hut zieht. Tatsächlich habe ich meine besten Gedichte aus einem Hut gezogen, der danach unter

allgemeinem Beifall in der Dada-Galerie in der Bahnhofstraße ausgestellt wurde.

CARR: Aber das heißt doch einfach, den Sinn des Wortes Kunst verändern.

TZARA: Ich sehe, Sie haben mich verstanden.

CARR: Dann sind Sie in Wirklichkeit gar kein Künstler?

TZARA: Im Gegenteil. Ich sagte Ihnen ja gerade, daß ich einer bin.

CARR: Aber das macht Sie doch nicht zum Künstler. Ein Künstler ist jemand, der ein ganz bestimmtes Talent hat, das ihn befähigt, etwas mehr oder weniger gut zu tun, was jemand ohne Talent nur schlecht oder gar nicht zu tun vermag. Wenn die Sprache irgendeinen Zweck haben soll, dann doch den, daß von einem Wort erwartet werden kann, es bezeichne eine bestimmte Tatsache oder Idee und nicht irgendwelche anderen Tatsachen oder Ideen. Ich könnte zum Beispiel behaupten, daß ich fliegen kann. Seht her, sag ich, ich fliege. Aber Sie bewegen sich doch nicht in den Lüften fort, mag jemand einwenden. Keineswegs, erwidere ich, das hält man nicht mehr für die wahre Aufgabe der Leute, die fliegen können. Es wird sogar mißbilligt. Heutzutage verläßt ein Mensch, der fliegen kann, überhaupt nicht den Boden und wüßte auch gar nicht, wie. Ich verstehe, sagt mein einigermaßen verblüffter Gesprächspartner, wenn Sie also sagen, Sie können fliegen, dann verwenden Sie dieses Wort in einem rein privaten Sinn. Ich sehe, Sie haben mich verstanden, sage ich. Aber dann, sagt dieser Mensch, k ö n n e n Sie überhaupt nicht fliegen. Im Gegenteil, sage ich, gerade habe ich Ihnen erklärt, daß ich es kann. Begreifen Sie denn nicht, mein lieber Tristan: was Sie von mir verlangen, ist einfach zu akzeptieren, daß das Wort Kunst das bedeutet, was Sie wollen. Aber das akzeptiere ich nicht.

TZARA: Warum nicht? Sie machen doch dasselbe mit Worten wie Patriotismus, Pflichtbewußtsein, Liebe, Freiheit, König und Vaterland, braves kleines Belgien, sympathisches kleines Serbien –

CARR *kühl*: Sie beleidigen meine Waffenbrüder, von denen viele auf dem Felde der Ehre gefallen sind –

TZARA: – und Ehre – all die hergebrachten Sophistereien, in deren Namen man Kriege führt zum Zwecke des Territorialgewinns und Vorteils der eigenen Interessen, während man sie dem Volk im Gewande rationaler Beweisgründe und zur Melodie patriotischer Hymnen schmackhaft macht ... Die Musik wird korrumpiert, die Sprache konskribiert. Wörter bedeuten plötzlich ihr Gegenteil: umgekehrte Tatsachen, umgekehrte Ideen. Darum ist die Anti-Kunst die Kunst unserer Zeit.

Das Gespräch wird zunehmend hitziger.

Carr: So eine Frechheit! Kriege werden geführt, um die Welt zu einem sicheren Ort für Künstler zu machen. Das wird nie so offen gesagt, aber es nützt dem Verständnis, zu wissen, worum es sich bei den Idealen der Zivilisation im Grunde dreht. Am leichtesten erkennt man, ob das Gute über das Böse triumphiert hat, wenn man die Freiheit des Künstlers untersucht. Die Undankbarkeit der Künstler, ja sogar ihre Feindseligkeit, gar nicht zu reden von dem Verlust an Lebenskraft und dem Mangel an Talent, durch welche die ‹moderne Kunst› sich auszeichnet, beweist nur die Freiheit des Künstlers, undankbar, feindselig, eigensüchtig und talentlos zu sein, eine Freiheit, für die ich in den Krieg gegangen bin – und ein selbstloseres Ideal für einen Mann von meinem Geschmack läßt sich überhaupt nicht denken.

Tzara: Kriege werden um Ölquellen und Kohlengruben geführt, um die Herrschaft über die Dardanellen oder den Suezkanal, um koloniale Restbestände, in denen man billig einkaufen, und eroberte Märkte, in denen man teuer verkaufen kann. Der Krieg ist Kapitalismus ohne Maske, und viele, die in den Krieg gehen, wissen das genau, aber sie gehen in den Krieg, weil sie keine Helden sein wollen. Es gehört Mut dazu, sitzen zu bleiben, wenn alle aufstehen, und dadurch aufzufallen. Aber um wieviel besser, tapfer in der Schweiz zu leben, als feige in Frankreich zu sterben – ganz abgesehen davon, wie die Beinkleider darunter leiden.

Carr: Mein Gott, Sie kleine rumänische Laus, Sie verdammter Levantiner – Sie aufgeblasener phrasendreschender verschmockter oberintellektueller balkanesischer Mistkerl! Sie glauben wohl, Sie wissen alles! – Während wir arme Gimpel glauben, wir kämpfen für Ideale, haben Sie einen tiefen Einblick in das, worum es wirklich geht, unten drunter. Jedenfalls haben Sie immer eine Phrase bereit. Sie Pedant! Glauben Sie, Ihre Phrasen haben irgendeinen Bezug darauf, was jeder Mensch an jedem Tag erlebt? Kapitalismus ohne Maske! Glauben Sie, das ist das wahre Erlebnis eines kleinen Trupps, der ins Niemandsland geschickt wird, um den Stacheldraht zu durchschneiden, und ins Kreuzfeuer gerät? Warum nicht infantile Sexualität in Khakihosen? Oder das kollektive Unbewußte in einem Stahlhelm? *Bösartig:* In Zürich ist das große Mode! – Sie Molch! Ich werde Ihnen sagen, wie es wirklich ist: ich bin in den Krieg gegangen, weil es meine Pflicht war, weil mein Vaterland meiner bedurfte und das heißt Patriotismus. Ich bin in den Krieg gegangen, weil ich glaubte, diese banalen kleinen Belgier und unfähigen französischen Frösche hätten ein Recht darauf, gegen den deutschen Militarismus verteidigt zu werden, und das ist Freiheits-

liebe. So sind die Dinge unten drunter, und ich lasse mir von keinem bolschewistischen Angsthasen erklären, daß ich im Schützengraben gelandet war, damit jemand einen Profit in Kugellagern macht.
TZARA *tobt*: Ganz richtig! Sie sind im Schützengraben gelandet, weil am 28. Juni 1900 der Thronfolger von Österreich-Ungarn unterm Stand geheiratet hatte und entdeckte, daß seine geliebte Frau bei offiziellen Anlässen nie neben ihm sitzen durfte, außer – ! – wenn er in seiner militärischen Eigenschaft als Generalinspekteur der k. und k. Armee auftrat – weshalb er dann beschloß, in dieser Eigenschaft die bosnische Armee zu inspizieren, so daß sie zumindest an ihrem vierzehnten Hochzeitstag am 28. Juni 1914 Seite an Seite in einem offenen Wagen durch die Straßen von Sarajevo fahren konnten. *Sentimental:* Aaaah! *Dann klatscht er scharf in die Hände, daß es wie ein Pistolenknall klingt.* Oder, wenn man es anders ausdrükken will –
CARR *leise, nach der Melodie des Soldatenliedes aus dem Ersten Weltkrieg*: Wir sind da, drum sind wir da ... weil wir da sind, sind wir da ... wir sind da, drum sind wir da, weil wir da sind, sind wir da...
Carr ist ganz leise in das altvertraute Lied eingefallen. Tzara singt mit, aber er summt die Worte ‹Da-da› zu derselben Melodie. Das Licht verblaßt langsam. Der Gesang schwillt an. Wenn Carr zu sprechen beginnt, fährt Tzara noch ein paar Takte weiter mit dem Singen fort.
Eine große Zeit! Die Morgenröte zieht auf über dem Niemandsland. Tautropfen glitzern auf den Mohnblumen in den ersten Sonnenstrahlen. – Die Schützengräben erwachen zum Leben. ‹Guten Morgen, Korporal! Im Westen nichts Neues?› ... ‹Alles im Blei, Sir.› – ‹Weitermachen!› Wunderbarer Kampfgeist in den Gräben – niemals in der Geschichte menschlichen Widerstreits gab es je solchen Mut, solche Kameradschaft, solche Wärme, Kälte, Schlamm, Gestank – Angst – Wahnsinn – Jesus Christus, wenn dieses Bein nicht gewesen wäre! Nie hätte ich gedacht, ich würde auserwählt sein, herausgeholt, gesegnet mit dem Blut eines Heimatschusses – o Himmel! – entlassen in die Obhut schneeweißer Federbetten, eines friedlichen zivilistischen Himmels, ach, diese mystische Schwyzerischkeit, diese Entente Cordialität, dieses Jesus Christus-ich-bin-aus-der-Sache-raus, im Tale der Invaliden – Carr vom britischen Konsulat!
Licht wieder normal.
Und was führt Sie zu mir, mein lieber Tristan?
TZARA: Ach, das Vergnügen, das Vergnügen ... was sonst soll irgend jemanden irgendwohin führen? Sie essen wie üblich, Henry?
CARR: Ich glaube, es ist in der guten Gesellschaft Sitte, um fünf Uhr ein

Gurkenbrötchen zu sich zu nehmen. Wo waren Sie seit letzten Donnerstag?
TZARA: In der Stadtbibliothek.
CARR: Was um alles in der Welt haben Sie denn da getan?
TZARA: Genau das hab ich mich auch gefragt.
CARR: Und welche Antwort haben Sie sich gegeben?
TZARA: ‹Schschsch!› Cecily ist strikt gegen jedes Geschwätz in der Handbibliothek.
CARR: Wer ist Cecily? Und ist sie so hübsch und wohlerzogen wie sie klingt? Cecily ist ein Mädchenname, der bei vornehmen Taufen sehr beifällig aufgenommen wird.
TZARA: Cecily ist eine Bibliothekarin. Hören Sie, kennen Sie jemanden namens Joyce?
CARR: Joyce ist ein Mädchenname, der ein Kind am Taufbecken unliebsamen Bemerkungen aussetzen muß.
TZARA: Aber nein, es handelt sich um einen Mr. Joyce. Irischer Autor, hauptsächlich von Limericks, auf die Namen James Augustin getauft, obgleich auf Grund eines Schreibfehlers als James Augusta ins Register eingetragen – ein wenig bekanntes Faktum.
CARR: Mir war es gewiß nicht bekannt. Aber ich habe mich nie für irische Angelegenheiten interessiert. In vornehmer Gesellschaft würde das als ein erstes Anzeichen von Vulgarität mit radikalem Beigeschmack aufgefaßt werden.
TZARA: Der Krieg hat Joyce und seine Frau in Triest in Österreich-Ungarn überrascht. Sie kamen in die Schweiz und haben sich in Zürich niedergelassen. Er wohnt in der Universitätsstraße und läßt sich überall blicken, in der Bibliothek, in den Cafés, und trägt merkwürdige Kleider, zum Beispiel ein schwarzes gestreiftes Jackett zu grauen Hosen mit Fischgrätenmuster oder eine braune Tweedjacke zu schwarzen gestreiften Hosen oder eine graue Jacke mit Fischgrätenmuster zu braunen Tweedhosen, alles falsch zusammengesetzte Hälften von verschiedenen Sonntagsanzügen. Sortiert die Sprache in aufgeteilte Blätter beim Bridgespiel. Rümpft die Nase über Dada, obwohl seine eigenen Gedichte überaus abgeschmackt klingen, fin de siècle-Absud aus zweiter Hand. Seine Limericks sollen beachtlicher sein, aber die werden auch keine Revolution auslösen – übrigens, kennen Sie jemanden namens Uljanow?
CARR: Ich kann diesem Gespräch nur mit äußerster Mühe folgen. Es ist, als würde man jede zweite Zeile aus dem Katechismus hören. Und Sie haben mir noch immer nicht gesagt, was Sie in der Bibliothek gemacht haben. Ich hatte keine Ahnung, daß Lyriker sich heutzutage für Literatur interessieren. Oder interessieren Sie sich für Cecily?

Tzara: Du liebe Güte, nein. Cecily ist ja recht hübsch und wohlerzogen, wie Sie richtig annehmen, aber ihre Ansichten über Poesie sind sehr altmodisch und ihre Kenntnis der englischen Dichter, wie der meisten anderen Dinge, ist geradezu exzentrisch, denn sie beruht auf der alphabetischen Reihenfolge. Sie arbeitet sich durch die Regale. Bisher hat sie Allingham, Arnold, Belloc, Blake, die beiden Brownings, Byron und so weiter gelesen, ich glaube, bis zum Buchstaben G.

Carr: Wer ist Allingham?

Tzara: ‹Auf dem hohen Berge, an den blauen Seen, wir wagen nicht zu jagen, wo Heinzelmännchen gehn ...›
Cecily würde jedem Gedicht, das aus einem Hut gezogen wurde, mit tiefstem Mißtrauen begegnen. Aber wozu die zweite Tasse? Wozu die Gurkenbrötchen? Wer kommt zum Tee?

Carr: Das ist nur für Gwendolen vorbereitet – um diese Zeit kommt sie meist zurück.

Tzara: Einfach fabelhaft, und ehrlich gesagt nicht ganz unerwartet. Ich bin in Gwendolen verliebt und eigens hierhergekommen, um ihr einen Heiratsantrag zu machen.

Carr: Das ist aber eine Überraschung.

Tzara: Nicht doch, Henry. Ich habe meine Gefühle für Gwendolen nie verborgen.

Carr: Gewiß nicht, mein guter Junge. Die Art, wie Sie ihr die Gurkenbrötchen reichen, erinnert mich an nichts so sehr wie an einen Ministranten bei seiner ersten Heiligen Kommunion. Aber meine Überraschung rührt daher, daß Sie Gwendolen doch schon in der Bibliothek begegnet sein müssen, denn sie ist noch jeden Morgen mit der Beteuerung aus dem Hause gegangen, daß sie sich dorthin begibt, und Gwendolen ist ein ausnehmend wahrheitsliebendes Mädchen. Als ihr älterer Bruder habe ich ihr deswegen sogar schon Vorhaltungen machen müssen. Uneingeschränkte Wahrheitsliebe kann einem jungen Mädchen den Ruf der Unaufrichtigkeit eintragen. Ich kenne einige häßliche Mädchen, die nichts zu verbergen haben und während der Londoner Saison lediglich auf Grund ihrer wohldosierten Lügenhaftigkeit Triumphe feiern.

Tzara: Ach, ich kann Sie beruhigen, Gwendolen war in der Bibliothek. Aber ich mußte sie von fern bewundern, den ganzen Weg von der Volkswirtschaft bis zur Fremdsprachigen Literatur.

Carr: Ich hatte keine Ahnung, daß Gwendolen irgendwelche fremden Sprachen spricht, und ich bin auch nicht unbedingt dafür. Dergleichen kann den Verstand eines jungen Mädchens nur erweitern.

Tzara: Nun, in dieser Bibliothek enthält die Fremdsprachige Literatur auch englische Bücher.

CARR: Was für eine neuartige Einrichtung! Gibt es einen Grund dafür?
TZARA *ungeduldig*: Es geht darum, Henry – ich kann nie allein mit ihr sprechen.
CARR: Ach ja, ihre Anstandsdame.
TZARA: Anstandsdame?
CARR: Ja – Sie glauben doch nicht, daß ich meine Schwester unbegleitet in einer Stadt herumgehen lasse, in der es so viele Ausländer gibt. Gwendolen hat sich in Zürich mit jemandem angefreundet. Ich weiß nicht, wer es ist, aber sie versichert mir, daß sie dauernd zusammenstecken, und nach einer Beschreibung, die ich ihr durch vorsichtige Fragen herausgelockt habe, muß die Dame einen überaus günstigen und beruhigenden Einfluß auf sie haben, denn sie ist in mittleren Jahren, einfach gekleidet, trägt Brillen und nennt sich Joyce – o du lieber Himmel! Ob er hinter ihrem Geld her ist?
TZARA: Nur in lächerlichen Raten. Er behauptet, einen Roman zu schreiben, und hat Gwendolen zu seiner Jüngerin gemacht. Sie kopiert alles mögliche für ihn, sieht in Nachschlagewerken für ihn nach, und so weiter. Das arme Mädchen ist so unschuldig, daß sie sich nicht einen Augenblick lang fragt, was für ein vorstellbares Buch auf Grund von Homers Odyssee und dem Straßenverzeichnis von Dublin aus dem Jahre 1904 zustandekommen kann.
CARR: Homers Odyssee und das Dubliner Straßenverzeichnis?
TZARA: Von 1904.
CARR: Eine ungewöhnliche Zusammenstellung von Quellen, das gebe ich zu, aber nicht ganz ohne Möglichkeiten. Er könnte ... Nein, das wohl nicht. Jedenfalls besteht kein Grund, sich zu benehmen, als wären Sie schon mit ihr verheiratet. Sie sind noch nicht mit ihr verheiratet, und ich glaube auch nicht, daß Sie es je sein werden.
TZARA: Warum nicht, in aller Welt?
CARR: Nun, erstens heiraten Mädchen niemals Rumänen, und zweitens gebe ich meine Einwilligung nicht.
TZARA: Ihre Einwilligung?
CARR: Mein lieber Junge, Gwendolen ist meine Schwester, und bevor ich Ihnen erlaube, sie zu heiraten, müssen Sie erst die Geschichte mit Jack aufklären.
TZARA: Jack! Um Himmels willen, was meinen Sie damit? Was meinen Sie mit Jack, Henry? Ich kenne keinen Jack.
CARR *holt einen Bibliotheksausweis aus der Tasche*: Das haben Sie unlängst nach dem Abendessen hier vergessen.
TZARA: Sie hatten wirklich all diese Zeit meinen Bibliotheksausweis? Ich mußte eine Strafgebühr zahlen, um ihn zu ersetzen.
CARR: Das war extravagant von Ihnen, denn der Ausweis gehört Ihnen

ja gar nicht. Er ist auf einen Monsieur Jack Tzara ausgestellt, und Ihr Name ist doch nicht Jack, sondern Tristan.

TZARA: Nein, das stimmt nicht, er ist Jack.

CARR: Überall habe ich Sie als Tristan vorgestellt. Sie hören auf den Namen Tristan. Ihr Ruhm in der Meierei ist an den Namen Tristan geknüpft. Es ist doch völlig absurd, zu behaupten, Ihr Name sei nicht Tristan.

TZARA: Nun, mein Name ist Tristan im Cabaret Voltaire und Jack in der Bibliothek, und der Ausweis wurde in der Bibliothek ausgestellt.

CARR: Unter e i n e m Namen zu schreiben – oder zumindest Wörter aus einem Hut zu ziehen – und in der Bibliothek unter einem a n d e r e n Namen aufzutreten, ist eine verständliche Vorsichtsmaßnahme – aber ich bin nicht der Meinung, daß die Sache dadurch ausreichend erklärt ist.

TZARA: Mein lieber Henry, die Erklärung ist ganz einfach. Eines Tages im vergangenen Jahr, nicht lange nach dem Triumph unseres Geräuschkonzerts für Sirene, Klapper und Feuerlöscher im Cabaret Voltaire, traf ich im Café zum Adler diesen Uljanow, auch bekannt als Lenin, mit einer Gruppe von Zimmerwaldisten.

CARR: Das klingt wie der letzte Schrei in revolutionärer Politik. Aber was bedeutet es?

TZARA: So nennt man Sozialisten, die bei ihrer Zusammenkunft in Zimmerwald im Jahre 1915 die Arbeiter in aller Welt dazu aufforderten, sich dem Krieg zu widersetzen. Nun, im Café zum Adler wetterte Lenin eben gegen die Chauvinisten gemäßigter Denkart, die nicht unbedingt jeden Mann über dem Rang eines Unteroffiziers mit dem Bajonett durchbohren wollen, da begann jemand, am Klavier eine Beethovensonate zu spielen. Lenin zerfloß auf der Stelle, und als er sich erholt hatte, trocknete er sich die Augen und fing gegen die Dadaisten zu wüten an, ich bitte Sie! Nun, als Dadaist bin ich der geschworene Feind der bourgeoisen Kunst und der natürliche Verbündete der politischen Linken, aber das Sonderbare an der Revolution ist: je weiter links sie politisch stehen, desto bourgeoiser wird ihre Kunst. Zum Glück bedeutete Lenin im Café zum Adler mein Name nichts, aber ein paar Tage später traf ich ihn in der Bibliothek und er stellte mich Cecily vor. ‹Tzara?› sagt sie. ‹Hoffentlich nicht der Dadaist!› – ‹Mein jüngerer Bruder Tristan›, sage ich. ‹Höchst peinlich. Ein furchtbarer Schlag für die Familie.› Als ich dann mein Ausweisformular ausfüllte, fiel mir aus irgendeinem Grund als erstes der Name Jack ein. Er hat sich eigentlich ganz gut bewährt.

CARR *sehr interessiert*: Cecily k e n n t also Lenin?

TZARA: O ja, er hat sie richtig zu seiner Jüngerin gemacht. Sie hilft ihm bei seinem Buch über den Imperialismus.

Carr *nachdenklich*: Sagten Sie, die Handbibliothek?
Tzara: Sie sind sich über alles einig, einschließlich der Kunst. Sonderbar, nicht? Ich meine, es ist doch d e r Widerspruch innerhalb der radikalen Bewegung.
Carr: Ich sehe da keinen Widerspruch ... Die künstlerische Revolution ist ja in keiner Weise mit der Klassenrevolution verbunden. Künstler sind Mitglieder einer privilegierten Klasse. Die Kunst wird von den Künstlern auf absurde Weise überschätzt, das kann man noch verstehen, aber das Seltsame daran ist – sie wird auch von allen anderen Leuten absurd überschätzt.
Tzara: Weil der Mensch nicht vom Brot allein leben kann.
Carr: Doch, das kann er. Von der K u n s t allein kann er nicht leben. ‹Brot – Friede – Freiheit› – ich glaube, das ist der Wahlspruch der Revolution. Was für eine denkbare Verbindung besteht zwischen d e m und dem schrillen, selbstversessenen Gezänk rivalisierender Egoisten – formloser Maler, sinnloser Poeten, hutloser Bildhauer –
Tzara *kühl*: Sie beleidigen mich und meine Kameraden von der Dada-Ausstellung –
Carr: – und Exhibitionisten schlechthin. Als ich auf der Schule war, mußten wir an manchen Nachmittagen das verrichten, was man ‹Arbeit› nannte – Unkraut jäten, Boden fegen, Scheiter für den Heizraum sägen, dergleichen. Aber wenn man von der Hausmutter eine schriftliche Erlaubnis bekam, durfte man den Nachmittag mit irgendwelchen Kleckserein im Malzimmer verbringen. Arbeit oder Kunst. Und Sie haben die Erlaubnis fürs L e b e n? *Leidenschaftlich:* W o h a b e n S i e d i e h e r? Was ist ein Künstler überhaupt? Von tausend Leuten tun neunhundert die Arbeit, neunzig geht es gut, neun t u n Gutes, und e i n Saukerl hat das Glück, ein Künstler zu sein.
Tzara *hart*: Ja, bei Gott! Und wenn man die Zeichnungen sieht, die er an die Höhlenwände gemalt hat, und die Fingerabdrücke, die er eines Tages in den Ton des Kochtopfs preßte, d a n n sagt man, G o t t, i c h b i n e i n e r v o n d e n e n! Es sind nicht die Jäger und die Krieger, die Sie auf die erste Sprosse der Leiter zum systematischen Denken gestellt haben und zu einem eher ungewöhnlichen Hang für schicke Hosen?
Carr: O doch. Der Jäger hat den Topf verziert, der Krieger hat die Antilope an die Wand gezeichnet und der Künstler kam mit der Beute zurück. Alles in einer Person. Die Idee, daß der Künstler eine besondere Art Mensch sei, ist die größte Leistung der Kunst, und sie ist ein Schwindel.
Tzara: Mein Gott, Sie verdammter englischer Philister – Sie ahnungsloser klugscheißerischer hochstapelnder bourgeoiser angelsächsischer

Pimmel! Als die Kräftigsten für den Stamm zu kämpfen begannen und die Schnellsten für ihn jagten, wurde der Künstler zum Priester und Wächter jener Magie, die den Verstand aus den Instinkten heraufbeschwor. Ohne ihn wäre der Mensch eine Kaffeemühle. Essen – zermahlen – scheißen. Jagen – e s s e n – kämpfen – z e r m a h l e n – Scheiter sägen – s c h e i ß e n. Der Unterschied zwischen einem Menschen und einer Kaffeemühle ist die Kunst. Aber dieser Unterschied ist immer kleiner und kleiner geworden. Die Kunst hat Mäzene geschaffen und wurde korrumpiert. Sie begann dem Ehrgeiz und der Habgier des Zahlmeisters zu huldigen. Der Künstler hat sich selbst negiert: pinseln – e s s e n – modellieren – z e r m a h l e n – schreiben – s c h e i ß e n.
Ein Lichtwechsel.
Ohne Kunst war der Mensch eine Kaffeemühle: aber mit der Kunst ist der Mensch – eine Kaffeemühle! Das ist die Lehre des Dada. Dada kehrt zum Urquell zurück – dada dada dada dada dada dada dada dada dada dada dada dada dada dada ...
Tzara schreit und tobt. Carr ist unbeweglich.
Normales Licht, während Bennett die Tür öffnet. Alles ist wieder ‹normal›.
BENNETT: Miss Gwendolen und Mr. Joyce.
Gwendolen und Joyce erscheinen wie zuvor. Bennett zieht sich zurück.
JOYCE: Schönen guten Morgen. James Joyce –
CARR: James Augusta?
JOYCE *verblüfft*: Haben Sie das erraten?
CARR: Nicht im mindesten – ich studiere die Fußnoten zur irischen Exilliteratur.
JOYCE: Sie kennen meine Arbeiten?
CARR: Nein – nur Ihren Namen.
TZARA: Miss Carr ...
GWEN: Monsieur Tzara ...
CARR: Aber irgend etwas an Ihnen bringt mich auf Limericks.
JOYCE: Dublin. Sie kennen es doch nicht etwa?
CARR: Nur aus dem Reiseführer, und Sie sind offenbar dabei, ihn zu revidieren.
JOYCE: Ja.
GWEN: Ach, verzeih, Henry – das ist Mr. Joyce –
CARR: Ich bin wirklich erfreut.
JOYCE: Stets zu Diensten.
TZARA: Guten Tag.
JOYCE: Ich wollte nur sagen –

GWEN: Sie kennen doch Monsieur Tzara, den Dichter?
JOYCE: Vom Sehen und Hörensagen. Aber ich bin das Opfer eines Glaukoms und der allgemeinen Abwertung. Als ich kürzlich die Bahnhofstraße hinunterging, stach mir das Schaufenster einer Galerie ins Auge und ich wurde fast bewußtlos vor Schmerz.
GWEN: Mr. Joyce hat ein Gedicht darüber geschrieben. Das haben Sie miteinander gemeinsam.
JOYCE: Kaum. Monsieur Tzaras Körperschaden ist Einäugigkeit und, dem Gerücht nach, vorgetäuscht, während ich Atteste für Konjunktivitis, Iritis und Synechie besitze und selbst eine Art internationales Augenpulver bin.
GWEN: Ich meinte die Poesie. Ich dachte an Ihr Gedicht ‹Bahnhofstraße›, das mit den Worten beginnt:
‹Augen, die meiner spotten, weisen mir
den Weg, wo abends ich spazier
Grauer Weg, des' heftiges Signal erscheint
als Stern, der wartet und vereint.›
TZARA *zu Joyce*: Ein Meisterwerk –
Ich bin davon verrückt
GWEN *quietscht*: Oh – B e rückt!
TZARA: Welch grandioser Tiefstand!
GWEN: Oh! – Tiefg a n g !
TZARA: L'art pour l'art – ist das nicht bescheißternd!
GWEN: Begeisternd!
TZARA: Ich bin Ausländer.
JOYCE: Ich auch.
GWEN: Aber ich habe noch nie etwas Schöneres gehört. Und ich habe ein gutes Ohr dafür, finden Sie nicht, Monsieur Tzara?
TZARA: Es ist das Allerreizendste an Ihnen, Miss Carr.
GWEN: Oh, das will ich nicht hoffen. Dann gäbe es ja keine Steigerung mehr.
JOYCE: Haben Sie denn kein Gedicht von Monsieur Tzara gelesen?
GWEN: Zu meiner Schande muß ich sagen, nein – aber vielleicht ist es Ihre Schande, Monsieur Tzara.
TZARA: Das nehme ich auf mich, doch wir können es leicht in Ordnung bringen, auf der Stelle.
GWEN *erregt*: Ach, Monsieur Tzara! ...
Tzara zieht sich zur Anrichte zurück oder zum Schreibtisch, falls es einen gibt, und beginnt eifrig ein großes weißes Papierblatt zu beschreiben.
CARR *zu Joyce*: Und was wünschen Sie, Doris?
JOYCE: Joyce.

CARR: Joyce.
JOYCE: Ich bin nicht als Dichter zu Ihnen gekommen, Sir, sondern als Geschäftsführer der Englischen Schauspieler, einer Theatertruppe.
CARR: Geschäftsführer?
JOYCE: Ja.
CARR: Wegen Geld sind Sie an der falschen Adresse...
GWEN: Ach, Henry, er dachte, du interessierst dich vielleicht für das Stück, das er vorbereitet, und wenn's mit deiner Hilfe reüssiert –
JOYCE: Ich sollte das lieber erklären, Sir. Anscheinend steht mein Name bei der britischen Kolonie in Zürich in üblem Geruch. Mag sein, daß es meine gelegentlichen Beiträge zur neutralistischen Presse sind, oder meine Version des alten Tingeltangel-Liedes ‹Mr. Dooley›, die so beginnt:
‹Wer ist der Mann, wenn Völker sich im Krieg umbringen,
der rasch nach Hause eilt, sein Abendessen zu verschlingen
und voll Genuß, indem er seinen Pudding ißt,
die Lügen in den Frontberichten liest →
und weiter heißt:
‹Wer ist der tolle Bursch, der nicht in Kirchen geht
weil Papst wie Pfarrer stets den kleinen Mann verrät
und seine Schäflein lehrt, die Sünden abzubüßen,
indem sie mit DumDum-Gewehrn auf andre Menschen schießen →
um fortzufahren:
‹Wer ist der stille Herr, der abschwört seinem Staat
weder dem Nebukadnezar untertan ist noch dem Proletariat
statt dessen meint, man könne ihn dafür nicht tadeln
im eignen Boot den Lebensstrom hinabzupaddeln →
bis zu dieser Strophe:
‹Wer ist der sanfte Philosoph, dem ganz egal ist
ob nun der gelbe Mann, der Boche, der Brit' die Welt frißt
den nichts zum Chauvinismus oder Brudermord verführt
der ohne Moses, Mohammed und Jesus selig wird →
und damit schließt:
‹Ja, das ist Mr. Dooley,
das ist Mr. Dooley,
der klügste Kopf, den ich in England sah
Europa geht zugrunde
wir alle vor die Hunde
sagt Mr. Dooley-uli-uli-äh! →
Es kann auch an was ganz anderem liegen, aber der Eindruck bleibt bestehen, daß ich beide Seiten mit derselben Gleichgültigkeit betrachte.

CARR: Und in Wahrheit tun Sie das nicht?
JOYCE: Nur als Künstler. Als Künstler messe ich dem Hin und Her und Auf und Ab des politischen Geschehens keine Bedeutung bei. Aber ich bin nicht als Künstler hierhergekommen, sondern als James A. Joyce. Der größte Stolz eines Iren ist: Ich hab für mich bezahlt ...
CARR: Es geht also doch um Geld.
JOYCE: Zwei Pfund wären hochwillkommen – gewiß, aber ich bin hier, um eine Schuld zu begleichen. Vor einiger Zeit, nach vielen Jahren, in denen ich auf mich selbst angewiesen und gänzlich verarmt war und man meine Arbeiten mißachtete, ja sogar derart schmähte, daß sie von einem bigotten Drucker in Dublin verbrannt wurden, weil es keinen anderen Drucker in Dublin gab, da erhielt ich einhundert Pfund aus der Zivilliste zur Verfügung des Premierministers.
CARR: Des Premierministers?
JOYCE: Mr. Asquith.
CARR: Ich weiß ganz genau, wer der Premierminister ist – ich bin der Vertreter der Regierung Seiner Majestät in Zürich.
JOYCE: Der Premierminister ist Mr. Lloyd George, aber zu jener Zeit war es Mr. Asquith.
CARR: Ach ja.
JOYCE: Im Augenblick besitze ich keine hundert Pfund, und es war auch nicht meine Absicht, die Schuld auf andere Art abzutragen. Hingegen habe ich die Englischen Schauspieler erwähnt. Das Kriegsglück hat Zürich zum Zentrum des europäischen Theaters gemacht. Hier ist die Kultur die Fortsetzung des Krieges mit anderen Mitteln – italienische Oper gegen französische Malerei – deutsche Musik gegen russisches Ballett – aber nichts aus England. Nacht für Nacht wanken Schauspieler über die wohlgefegten Bretter dieser alpinen Renaissance und reden in allen Zungen außer der einen – der Zunge Shakespeares, Sheridans, Wildes ... Die Englischen Schauspieler beabsichtigen, ein Repertoire von Meisterwerken zu produzieren, das den Schweizern zeigen wird, wer die Welt im Drama regiert.
CARR: Gilbert und Sullivan – bei Gott!
GWEN: Aber auch Mr. Joyces eigenes Stück ‹Verbannte›, das bisher leider –
JOYCE: Das ist ganz nebensächlich –
CARR: ‹Der Mikado›!
JOYCE: Richtig. Fangen wir ganz oben an.
CARR: ‹Die Gondolieri›! ‹Die Piraten von Penzance›!
JOYCE: Wir wollen mit diesem erlesenen englischen Juwel von einem Stück beginnen, mit ‹Bunbury›.
CARR *nach einer Pause*: Ich kenne es nicht. Aber ich habe davon gehört

und es gefällt mir nicht. Es ist das Werk eines irischen – *wirft einen Blick auf Gwendolen* – Gomorrhaisten. – Also hören Sie mal. Janice, ich sage es Ihnen lieber rundheraus, die Regierung Seiner Majestät –
JOYCE: Ich bin hergekommen, um Sie aufzufordern, die Hauptrolle zu übernehmen.
CARR: Wie?
JOYCE: Es wäre uns eine Ehre und Freude.
CARR: Was in aller Welt bringt Sie auf die Idee, daß ich geeignet bin, die Titelrolle in ‹Bunbury› zu spielen?
GWEN: Es war mein Vorschlag, Henry. Du warst eine so wunderbare Goneril in Eton.
CARR: Ja, ich weiß, aber –
JOYCE: Uns fehlt ein guter Schauspieler, dem der Part auf den Leib geschneidert ist – ein wortgewandter und witziger englischer Gentleman –
CARR: Meinen Sie Bunbury?
JOYCE: Nein, der Mann heißt Algernon.
CARR *von der Aussicht verlockt*: Nein – nein – ich kann keinesfalls –
JOYCE: Aristokratisch – romantisch – epigrammatisch – ein junger Geck.
CARR: Ein Geck . . .?
JOYCE: Er sagt Dinge wie: ich mag gelegentlich übertrieben elegant sein, aber ich mache es dadurch wett, daß ich übertrieben gebildet bin. Das gibt Ihnen eine allgemeine Vorstellung von ihm.
CARR: Wie oft wechselt er das Kostüm?
JOYCE: Zwei komplette Anzüge.
CARR: Stadt oder Land?
JOYCE: Erst das eine, dann das andere.
CARR: Im Hause oder außer Haus?
JOYCE: Beides.
CARR: Sommer oder Winter?
JOYCE: Sommer, aber nicht allzu heiß.
CARR: Doch nicht Regen?
JOYCE: Keine Wolke am Himmel.
CARR: Aber er könnte – einen Strohhut tragen?
JOYCE: Das ist ausdrücklich vorgesehen.
CARR: Und er ist nicht etwa – im Pyjama?
JOYCE: Ausdrücklich verboten.
CARR: Oder in Trauer?
JOYCE: Nicht er. Nur Ernst.
CARR *klatscht einmal in die Hände*: Schildern Sie kurz das Stück, aber nur in wesentlichen Zügen.
JOYCE: Der Vorhang geht auf. Eine Wohnung in Mayfair. Teestunde.

Sie treten ein in einer Hausjacke aus flaschengrünem Samt mit schwarzer Verschnürung – Strümpfe weiß, Krawatte perfekt, Schuhe mit seitlichem Gummizug, Hose nach Ihrer eigenen Wahl.
CARR: Ich werde gewisse Auslagen haben.
JOYCE: Zweiter Akt. Ein Rosengarten. Nach dem Mittagessen. Ein paar unwichtige Dialoge der Nebenfiguren. Sie treten ein in der heiteren Tracht einer Garden Party – Strohhut mit Bändern, lustig gestreiftes Sportjackett, zweifarbige Schuhe, Hose nach Ihrer eigenen Wahl.
CARR *unverzüglich*: Beige Flanell.
JOYCE: Dritter Akt. Ein kleiner Salon. Wenige Minuten später.
CARR: Kostümwechsel?
JOYCE: Möglicherweise, wenn man ein oder zwei Dialogzeilen ändert...
CARR: Sie haben ein Exemplar des Stückes mitgebracht?
JOYCE: Hier ist es.
CARR: Dann lassen Sie uns ins Nebenzimmer gehen und es durchlesen.
Carr öffnet Joyce die Tür zu ‹seinem Zimmer› –
JOYCE: Und was die zwei Pfund betrifft –
CARR *großzügig, greift nach seiner Brieftasche*: Mein lieber Phyllis ...
– und schließt sie hinter ihm und sich. Pause. Alles erstarrt.
GWEN *zerstreut*: Gomorrhaist ... blöder Sodomit!
Tzara kommt mit einer bei ihm seltenen Schüchternheit nach vorn und hält einen Hut in der Hand, als wäre es eine übervolle Schüssel. Es stellt sich heraus, daß er ein Shakespeare-Sonett niedergeschrieben und in einzelne Wörter zerschnitten hat, die er in den Hut getan hat.
TZARA: Miss Carr.
GWEN: Monsieur Tzara! – Sie gehen doch noch nicht? *(Wegen des Hutes.)*
TZARA: Nicht ohne Ihnen mein Gedicht zu überreichen.
Er reicht ihr den Hut hin. Gwen guckt hinein.
GWEN: Ihre Methode ist ungewöhnlich.
TZARA: Alle Poesie besteht darin, ein Spiel Karten neu zu mischen, und alle Dichter sind Betrüger. Ich überreiche Ihnen ein Sonett von Shakespeare, aber es gehört nicht mehr ihm. Es kommt vom Urquell, wo meine Atome einzigartig angeordnet sind, und meine Unterschrift ist von der Hand des Zufalls geschrieben.
GWEN: Welches Sonett – war es denn?
TZARA: Das achtzehnte.
GWEN *traurig*: ‹Soll ich vergleichen einem Sommertage...›
‹... Dich du lieblicher und milder bist?
Des Maien teure Knospen drehn im Schlage
Des Sturms und allzu kurz ist Sommer Frist.
Des Himmels Aug scheint manchmal bis zum Brennen

Trägt goldne Farbe die sich oft verliert,
Schönheit will sich vom Schönen manchmal trennen
Durch Zufall oder Wechsels Lauf entziert.
Doch soll dein ewiger Sommer nie ermatten:
Dein Schönes sei vor dem Verlust gefeit.
Nie prahle Tod, du gingst in seinem Schatten ...
In ewigen Reimen ragst du in die Zeit:
Solang als Menschen atmen, Augen sehn,
Wird dies und du der darin lebt bestehn ...›
Sie zerreißen ihn für seine schlechten Verse?
Sie läßt eine Handvoll Wörter aus ihren Fingern zurück in den Hut fallen, und ihre Trauer verwandelt sich in Zorn.
Mein Herr, dies sind nur wilde und verwirrte Worte.
TZARA: Recht so, mein Fräulein.
GWEN: Wahrhaftig, ich wollte, die Götter hätten euch poetisch gemacht.
TZARA: Ich weiß nicht, was poetisch ist. Ist es ehrlich in Worten und Werken? Besteht es mit der Wahrheit?
GWEN: Gewiß, der uns mit solcher Denkkraft schuf
Voraus zu schaun und rückwärts, gab uns nicht
Die Fähigkeit und göttliche Vernunft
Um ungebraucht in uns zu schimmeln.
TZARA: Nein, ich bin einmal nicht unter einem reimenden Planeten geboren. Diese Gesellen von endloser Zunge, die sich in die Gunst der Frauen hineinreimen können, wissen sich auch immer herauszuvernünfteln. Das würde mir die Zähne gar nicht stumpfen, s o s e h r n i c h t, als gezierte Poesie.
GWEN *schwingt sich zu seiner boshaften Schärfe auf*: Aus Lieb und Bravheit schmückt ihr diese Sache – Eure Mütze an ihre Stelle: sie ist für den Kopf! *Schnupft auf, als wollte sie eine Träne unterdrücken.* Ich wollte vierzig Shilling darum geben, wenn ich mein Buch mit Liedern und Sonetten hier hätte.
Sie hat sich abgewandt. Er nähert sich ihr und reicht ihr den Hut.
TZARA *sanft*: Doch da er starb und Dichter besser schrieben
lest ihn um seinen Stil – mich um mein Lieben.
Gwen zögert, nimmt aber dann das erste Stückchen Papier aus dem Hut.
GWEN: ‹Goldne›
Sie fährt jetzt fort und behält alle Papierstückchen in der Hand, die sie herausholt.
Dein schönes teure Knospen
du lieblicher Zufall
trennen bis zum brennen

und allzu kurz
dein Atem milder
des – Himmels!
Sie kreischt ein wenig auf beim Wort ‹Himmels›, dreht dem Hut den Rücken, entfernt sich ein paar Schritte von Tzara, der die nächsten Wörter herausholt, und die Temperatur wieder senkt...
TZARA: doch soll ermatten
Sommer sich verliert...
GWEN *immer noch verwirrt*: Bitte sprechen Sie mit mir nicht über das Wetter. Wenn man mit mir über das Wetter spricht, so habe ich das Gefühl, daß man ganz etwas anderes meint, und das macht mich nervös.
TZARA *kommt auf sie zu*: Ich meine auch etwas anderes, Miss Carr. Seit ich Sie kennenlernte, habe ich Sie bewundert.
Er läßt die wenigen Papierstückchen in den Hut fallen, sie tut das gleiche mit den ihren, er legt den Hut beiseite.
GWEN: Für mich hatten Sie immer eine unwiderstehliche Faszination. Noch bevor ich Ihnen begegnet war, stand ich Ihnen keineswegs gleichgültig gegenüber. Sie wissen doch, daß ich Mr. Joyce bei seinem neuen Buch helfe, das ganz zweifellos ein Geniestreich ist, und ich bin entschlossen, ihm die allgemeine Anerkennung zu verschaffen, die er verdient. Aber ach, in der vornehmen Gesellschaft hat ein Mädchen nur wenig Gelegenheit zu intellektuellen Kontakten. Als Henry mir sagte, er habe einen Freund, der eine Zeitschrift herausgibt mit dem Neuesten und Besten in der Literatur, da wußte ich, daß ich dazu bestimmt war, Sie zu lieben.
Sie hat die Mappe, die sie ganz zu Anfang irrtümlich an sich genommen hat, und gibt sie jetzt Tzara.
TZARA *verblüfft*: Sie lieben mich wirklich, Gwendolen?
GWEN: Leidenschaftlich!
TZARA: Liebste, du weißt nicht, wie glücklich du mich machst.
GWEN: Mein teurer Tristan!
Sie umarmen einander.
TZARA *macht sich frei*: Aber du meinst doch nicht, du könntest mich nicht lieben, wenn ich anderer Ansicht über Mr. Joyce als Schriftsteller wäre als du?
GWEN: Aber das bist du doch nicht?
TZARA: Gewiß nicht, aber angenommen –
Sie küßt ihn auf den Mund. Sie umarmen sich. Joyce tritt wieder ein.
JOYCE: Stehen Sie auf, Sir, aus dieser halbliegenden Stellung. Sie ist höchst unschicklich.
Tzara und Gwen springen auseinander.

Joyce geht zur Haupttür hinüber, nimmt seinen Hut, öffnet die Tür und wendet sich an Tzara.
Ihr Monokel sitzt im falschen Auge.
Tzara hat tatsächlich sein Monokel in das falsche Auge geklemmt. Er steckt es um. Joyce ist mit seinem Satz abgetreten.
GWEN: Ich muß es Henry sagen!
TZARA: Hast du noch nie meine Zeitschrift ‹Dada› gesehen, Liebste?
GWEN: Nie, Lie-Lie-Liebstes!
Gwen küßt ihn und läuft in Henrys Zimmer.
Tzara beginnt, das Manuskript in der Mappe zu lesen.
Die Haupttür öffnet sich wieder. Joyce tritt von neuem ein und zögert auf der Schwelle. Er ist vom Kopf bis zur Brust mit kleinen weißen Papierstückchen bedeckt, von denen jedes eines der Wörter von Shakespeares 18. Sonett trägt. Das heißt, Tzara hatte sich Joyces Hut bedient. Der Effekt muß prompt und offenkundig wirken, und es wird vermutlich nötig sein, daß der Darsteller von Joyce ein besonders präpariertes Jackett und sogar eine andere Perücke anzieht: die Papierstückchen müssen ganz leicht am Haar und an der Jacke haften, denn sie spielen noch eine Rolle im Stück.
JOYCE: Was soll das bedeuten?
TZARA: Es bedeutet nichts. Es ist bedeutungslos wie die Natur. Es ist Dada.
JOYCE. Geben Sie mir weitere Beispiele für Dada.
TZARA: Der Zoo nach Betriebsschluß. Die logische Gardenie. Der bankrotte Roulettespieler. Der erfolgreiche Roulettespieler. Das Eierbrett, ein Sport- und Gesellschaftsspiel für die oberen Zehntausend, bei welchem die Teilnehmer, vom Scheitel bis zur Sohle mit Eigelb bedeckt, den Kampfplatz verlassen.
JOYCE: Sind Sie der Erfinder dieses Sport- und Gesellschaftsspiels?
TZARA: Ich bin es nicht.
JOYCE: Wie heißt der Erfinder?
TZARA: Arp.
JOYCE: Ist er Ihr geschworener Feind, Lieblingsekel, bête noire oder sonstwie persona ingrata?
TZARA: Er ist es nicht.
JOYCE: Ist er Ihr Freund, Spießgeselle, vertrauter Mitwisser oder sonstwie Komplice, Kumpan oder Kamerad?
TZARA: Er ist es.
JOYCE: Mit welchem Possessivpronomen, welches Besitz und amikale Zugehörigkeit in gleichen Teilen beschreibt, weisen Sie gewöhnlich auf ihn hin?
TZARA: Mein Freund Arp.

JOYCE: Abwechselnd mit welchem umgangssprachlichen Ausdruck, der von Tugend und Langlebigkeit umwittert ist?
TZARA: Der gute alte Arp.
JOYCE: In welcher Weise, jede sich bietende Gelegenheit zu einem Paradox am Schopf ergreifend, ist der Vorname Ihres Freundes einzigartig?
TZARA: Indem er doppelt ist.
JOYCE: Nämlich?
TZARA: Hans Arp. Jean Arp.
JOYCE: Wie läßt sich dieser Widerspruch zwischen zwei gesonderten und doch gleichartigen Vornamen begründen?
TZARA: Linguistisch, indem jeder die Übersetzung des anderen ist, vom Deutschen ins Französische und umgekehrt.
JOYCE: Wie würde – vorausgesetzt eine oberflächliche Kenntnis des Geburtsortes sowie der Abstammung Ihres Freundes einerseits und der politischen Geschichte Europas im neunzehnten Jahrhundert andererseits – wie würde diese zweisprachige Benennung einen anmuten?
TZARA: Als einleuchtend.
JOYCE: Warum?
TZARA: Er wurde im Elsaß in einer französischen Familie geboren und deutscher Staatsbürger auf Grund des Sieges von 1870.
JOYCE: Welche Erklärung internationaler und herausfordernder Natur brachte diese Doppelwertigkeit in einen scharfen Gegensatz?
TZARA: Die Kriegserklärung Deutschlands an Frankreich.
JOYCE: Als was sah Hans oder Jean Arp diese Lage an?
TZARA: Als absurd.
JOYCE: Wie entzog er sich ihr?
TZARA: Indem er sich auf den Weg nach Zürich machte und das ‹Eierbrett› erfand, ein Sport- und Gesellschaftsspiel für die oberen Zehntausend, bei welchem die Teilnehmer, vom Scheitel bis zur Sohle mit Eigelb bedeckt, den Kampfplatz verlassen.
JOYCE: Von wem wurde ihm Ermutigung und Freundschaft zuteil?
TZARA: Von Hugo Ball.
JOYCE: Beschreiben Sie Ball mit Hilfe von Epitheta.
TZARA: Unkugelförmig. Groß, mager, pfäffisch, deutsch.
JOYCE: Beschreiben Sie ihn durch Aufzählung seiner Tätigkeiten und Liebhabereien.
TZARA: Romanschriftsteller, Journalist, Philosoph, Poet, bildender Künstler, Mystiker, Pazifist, Gründer des Cabaret Voltaire in der Spiegelgasse 1.
JOYCE: Führte Ball ein Tagebuch?
TZARA: Er tat es.

Joyce: Wurde es veröffentlicht?
Tzara: Das wurde es.
Joyce: Ist es unter öffentlicher Verfügungsgewalt auf Grund des Auslaufens der im Jahre 1886 in Bern getroffenen Übereinkunft über das Schutzrecht für Autoren?
Tzara: Das ist es nicht.
Joyce: Zitieren Sie auf wohlabgewogene Weise, welche das Maximum an Information mit dem Minimum an Verantwortlichkeit verbindet –
Tzara: ‹Ich ging zu Herrn Ephraim, dem Besitzer der ‚Meierei‘ und sagte: ‚Bitte, Herr Ephraim, geben Sie mir Ihren Saal. Ich möchte ein Cabaret machen.‘ Herr Ephraim war einverstanden und gab mir den Saal. Und ich ging zu einigen Bekannten und bat sie: ‚Bitte geben Sie mir ein Bild, eine Zeichnung, eine Gravüre. Ich möchte eine kleine Ausstellung mit meinem Cabaret verbinden.‘ Ging zu der freundlichen Zürcher Presse und bat sie: ‚Bringen Sie einige Notizen. Es soll ein internationales Cabaret werden. Wir wollen schöne Dinge machen.‘ Und man gab mir Bilder und brachte meine Notizen.›
Joyce: An welchem Tag erschien die erste Anzeige in der Zürcher Presse?
Tzara: Am 2. Februar 1916.
Joyce: Zitieren Sie vorsichtig aus Balls Tagebuch auf eine Art, die geeignet ist, Ihnen die Gunst seiner Nachlaßverwalter nicht zu verscherzen.
Tzara: ‹Gegen sechs Uhr abends, als man noch fleißig hämmerte und futuristische Plakate anbrachte, erschien eine orientalisch aussehende Deputation von vier Männlein, Mappen und Bilder unterm Arm; vielmals diskret sich verbeugend. Es stellten sich vor: Marcel Janco, der Maler, Tristan Tzara, Georges Janco und ein vierter Herr, dessen Name mir entging. Arp war zufällig auch da, und man verständigte sich ohne viele Worte. Bald hingen Jancos generöse Erzengel bei den übrigen schönen Sachen, und Tzara las noch am selben Abend Verse älteren Stils, die er in einer nicht unsympathischen Weise aus den Rocktaschen zusammensuchte.›
Joyce: Ist das der Rock?
Tzara: Er ist es.
Joyce: In welcher Beziehung ist ein Rock schlechter und in welcher besser als ein Hut, sofern sie bei der Hervorbringung eines Gedichtes austauschbar sind?
Tzara: Schlechter als ein Hut in Hinsicht auf die Neigung eines oder beider Ärmel dazu, vor aller Augen herabzuhängen, mit der sich daraus ergebenden Möglichkeit, daß der Träger über den Rand des Podiums fällt. Besser als ein Hut in Hinsicht auf die Anzahl seiner Taschen.

JOYCE: Inwiefern und auf welche Technik bezogen waren Ihre Gedichte bei dieser historischen Tätigkeit konservativ?
TZARA: Insofern, als ich jedes von ihnen gänzlich und fortlaufend aus einer Tasche zog, statt es stückweise und aufs Geratewohl aus verschiedenen Taschen hervorzuholen. Auch insofern, als ich immer nur ein Gedicht zur selben Zeit las. Und auch insofern, als ich es ohne Begleitung von Pfeifen, Klappern und einem Schlagzeug aus alten Kisten las.
JOYCE: Traf dies bald darauf noch zu?
TZARA: Es traf nicht mehr zu.
JOYCE: Erhärten Sie dies vorsichtig durch Hinweise auf einen zeitgenössischen Tagebuchschreiber, dessen Nachlaß keinerlei verbohrten gerichtlichen Verfolgungen wegen geringfügiger Verletzungen des Schutzrechtes ausgesetzt ist.
TZARA: ‹Am 26. Februar kam Richard Hülsenbeck aus Berlin, und am 30. März führten wir eine fabulöse Negermusik auf. Herr Tristan Tzara war der Veranstalter einer Vorlesung von Simultanpoesie, der ersten in Zürich und der ganzen Welt, darunter ein poème simultan, das er selbst verfertigt hatte.›
JOYCE: Zitieren Sie einzeln aus dem Gedächtnis, was dabei gleichzeitig vorgetragen wurde.
TZARA: Ich begann: ‹Boum boum boum il déshabilla sa chair quand les grenouilles humides commencèrent à bruler.› Hülsenbeck begann: ‹Ahoi ahoi Des Admirals gwirktes Beinkleid schnell zerfällt.› Janco sang: ‹I can hear the wip o'will around the hill and when it's five o'clock and tea is set I like to have my tea with some brunette, everybody's doing it doing it doing it.› Der Titel des Gedichtes hieß: ‹Admiral sucht ein Haus zu mieten.›
JOYCE: Trifft es zu, daß binnen bemerkenswert kurzer Zeit Vorstellungen dieser Art Dada im allgemeinen und Tzara im besonderen zu Namen machen, die jeder heraufbeschwor, wo immer eine Kunstdebatte vor sich ging?
TZARA: Es trifft zu.
Während dieses Gesprächs hat Joyce Papierstückchen von seinem Haar und seiner Kleidung abgezupft und jedes davon in seinen Hut gelegt, den er auf den Knien hält.
Bei der Nennung des Wortes ‹heraufbeschwor› zaubert er lässig eine weiße Nelke aus dem Hut, die scheinbar aus den Papierstückchen entstanden ist. (Er dreht den Hut um, um zu zeigen, daß er leer ist.) Er wirft Tzara die Nelke zu.
JOYCE: Wie würden Sie diesen Triumph beschreiben?
TZARA *steckt die Nelke in sein Knopfloch*: Als angemessen und gerecht.

Wohlverdient. Ein Beispiel von Unternehmungsgeist und Charme, das nach Gebühr gewürdigt wurde.
Joyce beginnt, seidene Taschentücher aus dem Hut zu zaubern.
JOYCE: Worin bestanden – angesichts der Erkenntnis, daß dieser rein lokale Bürgerschreck von einem Kälbchen, Dada, zu einem Stier herangewachsen war, mit dem man Skandal, Provokation und moralische Ausschreitungen verband – worin bestanden, auf ihre einfachste Wechselseitigkeit beschränkt, Tzaras Gedanken über Balls Gedanken über Tzara, und Tzaras Gedanken über Balls Gedanken über Tzaras Gedanken über Ball?
TZARA: Er dachte, daß er dachte, daß er den Stier bei den Hörnern packen würde, während er doch wußte, daß er wußte, daß er wußte, er würde es nicht tun.
JOYCE: Und taten sie es dennoch?
TZARA: Ja und nein. Ball verließ Zürich, wurde schließlich katholisch und lebte ruhig unter Bauern bis zu seinem Tod im Jahre 1927. Tzara blieb zurück, um die dadaistische Revolution in ihr nächstes Stadium, den Surrealismus, überzuleiten – aber das war in Paris, nach dem Krieg.
JOYCE: Was fügte Dada der Malerei, der Bildhauerei, der Poesie und der Musik hinzu, das diesen Künsten nicht längst hinzugefügt worden war in ...
Die entsprechenden Flaggen kommen aus dem Hut –
... Barcelona, New York, Paris, Rom und Sankt Petersburg etwa durch Picabia, Duchamp, Satie, Marinetti und Majakowskij, der seine zersplitterten Zeilen in einer gelben Sportjacke, die Wangen mit blauen Rosen bemalt, hinausposaunte?
TZARA: Das Wort Dada.
JOYCE: Beschreiben Sie auf vernünftige Art, ohne sich zu widersprechen, und ganz besonders ohne Hinweis auf Leute, die sich Brötchen in die Nase stopfen, wie das Wort Dada gefunden wurde.
TZARA: Tristan Tzara fand das Wort durch Zufall in einem Wörterbuch von Larousse. Es ist behauptet worden, und er leugnet es nicht, daß ein Papiermesser aufs Geratewohl in das Buch gesteckt wurde. Im Französischen ist Dada ein Kinderwort für Steckenpferd. Im Deutschen bedeutet es eine alberne Form des Umgangs mit Babies. Hülsenbeck berichtet, wie e r das Wort eines Tages in Hugo Balls französisch-deutschem Wörterbuch in Hugo Balls Zimmer fand, als Tzara gar nicht dabei war. Hans oder Jean Arp hat dagegen ausgesagt: ‹Ich erkläre hiermit, daß Tristan Tzara das Wort Dada am 8. Februar 1916 um sechs Uhr nachmittags gefunden hatte. Ich und meine zwölf Kinder waren anwesend, als Tzara dieses Wort, das uns mit berech-

tigtem Enthusiasmus erfüllte, zum erstenmal aussprach. Dies fand im Café de la Terrasse in Zürich statt, und ich hatte ein Brioche im linken Nasenloch.›

JOYCE: Gab es weitere Meinungsverschiedenheiten zwischen Tzara und Hülsenbeck?

TZARA: Es gab sie.

JOYCE: In bezug worauf?

TZARA: Auf den Sinn und Zweck von Dada.

JOYCE: Wie hervorgeht?

TZARA: Wie hervorgeht aus Manifesten, die Tzara, und solchen, die Hülsenbeck schrieb.

JOYCE: Wobei Hülsenbeck etwa forderte?

TZARA: Den internationalen revolutionären Zusammenschluß aller schöpferischen Männer und Frauen auf der Grundlage eines radikalen Kommunismus – der Enteignung und Sozialisierung ...

JOYCE: Im Gegensatz zu Tzaras Anspruch?

TZARA: Auf das Recht, in verschiedenen Farben zu urinieren.

JOYCE: Jeder Mensch in verschiedenen Farben zu verschiedener Zeit oder verschiedene Menschen in jeder Farbe die ganze Zeit? Oder jeder jedesmal vielfarbig?

TZARA: Es ging eher darum, daß Gedichte machen so natürlich sein sollte wie Pipi machen –

JOYCE *steht auf, mit der Zauberei ist es aus*: Gott gebe, daß Sie nicht beides in demselben Hut machen.

Das ist zu viel für Tzara.

TZARA: O Gott, Sie eingebildeter Papplöffel von einem irischen Kotz! Sie hinterwäldlerische kartoffelkauende pfaffenhörige zuhälterische Brillenschlange! Ihre Kunst hat versagt. Sie haben die Literatur in Religion verwandelt, und jetzt ist sie so tot wie alles andere, ein verwesender Leichnam, und Sie tanzen auf seinem Leichenschmaus. Es ist zu spät für Genies! Heute brauchen wir Vandalen und Tempelschänder, schlichte Demolierer, die Jahrhunderte barocker Verfeinerung zertrümmern, die Säulen des Tempels einreißen und so endlich die Schande und die Notwendigkeit der künstlerischen Existenz miteinander vereinen! Dada! D a d a ! D a d a ! !

Er fängt an, alles Geschirr zu zerschlagen, das herumsteht. Danach nimmt er eine zufriedene Pose ein. Joyce hat sich nicht gerührt.

JOYCE: Sie sind ein überspanntes Männchen mit einem Bedürfnis nach Selbstverwirklichung, das Ihre natürliche Begabung weit übersteigt. Das ist nicht unehrenhaft. Aber es macht Sie noch nicht zum Künstler. Der Künstler ist ein Magier unter den Menschen, der – auf eigenwillige Art – ihren Drang nach Unsterblichkeit erfüllt. Rings um ihn

werden Tempel gebaut und zum Einsturz gebracht, immer wieder und immer wieder, von Troja bis zu den Schlachtfeldern von Flandern. Wenn irgendein Sinn darin liegt, dann besteht er in dem, was als Kunst überlebt, ja, selbst in der Verherrlichung von Tyrannen, in der Verherrlichung von Niemanden. Was bliebe vom Trojanischen Krieg, wenn die Kunst über ihn hinweggegangen wäre, ohne ihn zu berühren? Staub. Ein vergessener Feldzug auf Veranlassung griechischer Handelsleute, die nach neuen Märkten Ausschau hielten. Eine unbedeutende Neuverteilung zerbrochener Töpfe. Aber nun sind wir bereichert durch eine Sage von Helden, von einem goldenen Apfel, einem hölzernen Pferd, von einem Gesicht, das tausend Schiffe in Bewegung setzte – vor allem von Ulysses, dem Wanderer, dem menschlichsten, dem vollkommensten aller Helden – Gatte, Vater, Sohn, Liebender, Bauer, Soldat, Pazifist, Politiker, Erfinder und Abenteurer... Ein so überwältigendes Thema, daß ich mich fast fürchte, es zu behandeln. Und doch werde ich mit meiner Dubliner Odyssee diese Unsterblichkeit verdoppeln, ja bei Gott, dieser Leichnam wird noch eine ganze Weile tanzen und die Welt in genau dem Zustand zurücklassen, in dem er sie findet – und wenn Sie hoffen, ihn mit Ihrer modischen Magie ins Grab zu höhnen, dann würde ich Ihnen dringend raten, den Versuch zu machen, sich etwas Genie anzuschaffen, und womöglich etwas Feingefühl, bevor die Saison ganz vorüber ist. Schönen guten Morgen, Monsieur Tzara!
Worauf Joyce ein Kaninchen aus seinem Hut zieht, den Hut aufsetzt und abgeht, das Kaninchen in der Hand.
Carrs Stimme aus der Kulisse.
CARR *von draußen*: «Nein, wirklich, wenn uns die unteren Stände kein gutes Beispiel geben, wozu um Himmels willen gibt es sie dann überhaupt? Sie scheinen keinen Begriff von ihrer moralischen Verantwortung zu haben.»
Tzara hat sich auf Carrs Tür zu bewegt. Er öffnet sie und geht hindurch.
Von draußen: «Wie geht's, mein lieber Ernst. Was führt dich in die Stadt?» – «Das Vergnügen, das Vergnügen – ich sehe, du ißt, wie üblich, Algy...»
Carr tritt ein, in Gestalt des alten Carr, ein Buch in der Hand.
Algy! Weder Bunbury – den gab's ja gar nicht – noch Ernst. Der andere. Triumphaler Erfolg in der anspruchsvollen Rolle des Algeron Montcrieff. Das Theater zur Kaufleuten in der Pelikanstraße, ein Frühlingsabend, die Englischen Schauspieler in diesem erlesenen englischen Juwel von einem Stück. ‹Bunbury›. Von Oscar Wilde. Henry Carr als Algy. Andere Rollen gespielt von Tristan Rawson, Cecil

Palmer, Ethel Turner, Evelyn Cotten ... die übrigen hab ich vergessen. Eintrittskarten fünf Franken oder vier englische Shilling, und jeder Sitz besetzt, muß dem irischen Lausekerl und seinen Kumpanen eine ganz schöne Stange Geld eingebracht haben – immerhin, ich trag ihm nichts nach, so viele Jahre nachher, und er da oben auf dem Friedhof auf dem Hügel, obwohl es unangenehm war, wegen ein paar Franken vor Gericht gezerrt zu werden – nachdem ich meine Hosen selber bezahlt hatte u n d noch jeden Platz im Haus gefüllt – n i c h t besonders angenehm, zehn Franken in die Hand gedrückt zu bekommen wie ein Trinkgeld! – und dann fünfundzwanzig Franken für Eintrittskarten von mir zu verlangen – Unverschämtheit – Da, ich hab's herausgesucht –
Zieht ein zerknittertes Dokument aus der Tasche.
– Bezirksgericht Zürich, Richter Billeter (im Vorsitz) und Hammann und Kaufmann (Beisitzer) in Sachen Dr. James Joyce – Doktor, meine Güte! – Kläger und Gegen-Beklagter gegen Henry Carr, Beklagter und Gegenkläger, bezüglich des Anspruchs auf Erledigung folgender Streitfragen: a) Klage: ist der Beklagte und Gegenkläger (das bin ich) dazu verpflichtet, dem Kläger und Gegen-Beklagten (das ist er) fünfundzwanzig Franken zu bezahlen? b) Gegenklage: ist der Kläger und Gegenbeklagte dazu verhalten, dem Beklagten und Gegenkläger vierhundertfünfundsiebzig Franken oder möglicherweise dreihundert Franken zu bezahlen? Haben Sie das verstanden? Joyce sagt, ich schulde ihm fünfundzwanzig Franken für Eintrittskarten. Ich sage, Joyce schuldet mir vierhundertundfünfundsiebzig Franken als meinen Anteil am Reingewinn, oder auch dreihundert Franken für die Hosen und so weiter, die ich für meine Rolle als Henry – vielmehr – verdammt noch mal – der andere ...
Übrigens werden Sie bemerkt haben, oder auch nicht, daß sich bei mir hie und da die Drähte verheddern. Sie wissen ja, wie das ist, wenn die alte Denkmaschine in der Rille steckenbleibt und man unversehens die Weichen überfahren hat und sich plötzlich sagt, halt einmal, alter Junge, das war doch Algernon – A l g e r n o n ! – So, jetzt fällt's mir wieder ein, jetzt weiß ich's wieder, von nun an passiert mir das nicht mehr. Und wenn einer von Ihnen nur dableiben sollte, um eine billige Komödie seniler Verwirrtheit zu erleben, dann kann er ruhig gehen, denn jetzt komm ich dazu, wie ich Lenin kennenlernte und den Lauf der Geschichte hätte ändern können und so weiter, aber was ist denn das?? *(Das Dokument.)* Ah ja. Erkannt. 1. Der Beklagte, Henry Carr, wird dazu verurteilt, dem Kläger, James Joyce, fünfundzwanzig Franken zu bezahlen. Die Gegenklage von Henry Carr wird abgewiesen. Herr Carr muß Herrn Dr. Joyce sechzig Franken für

Mühe und Auslagen vergüten. Mit anderen Worten: eine Travestie der Justiz. Später kam noch der andere Fall vor Gericht – ja, ja, er verklagte mich wegen übler Nachrede, brachte vor, ich hätte ihn einen Schwindler und Gauner genannt ... Abgewiesen, natürlich. Aber Joyce ging es immer ums Geld. Na, das ist lange her. Nach dem Krieg verließ er Zürich, ging nach Paris, blieb zwanzig Jahre dort und tauchte erst wieder im Dezember 1940 hier auf. Ein neuer Krieg ... Aber da war er schon ein kranker Mann, Durchbruch eines Magengeschwürs, und im Januar war er tot ... an einem kalten Wintertag, bei Schneefall, hat man ihn da oben auf dem Friedhof Fluntern begraben.

Ich hab von ihm geträumt, geträumt, wie ich ihn im Zeugenstand hatte, ein meisterhaftes Kreuzverhör. Fall so gut wie gewonnen, er gibt alles zu, die ganze Sache, Hosen, alles, und ich schleudere ihm ins Gesicht – «Und was haben Sie im Ersten Weltkrieg gemacht?» – «Den Ulysses geschrieben», sagt er. «Und Sie?»
Unverschämtheit!

Licht aus.
Ende des ersten Aktes.

2. Akt

BIBLIOTHEK
Zu Beginn des Aktes ist die Szene nicht ausgeleuchtet.
Abgesehen von den Bücherregalen usw. enthält die Bibliothek Cecilys Schreibtisch, der freilich mehr einem Ladentisch in der Form von drei Seiten eines Vierecks gleicht; auf ihm befindet sich der ganze Krimskrams von Bibliotheksausweisen, Anmeldeformularen, Stempeln, ein paar Büchern usw., usw.
Fast das gesamte Licht ist auf Cecily konzentriert, die geduldig an der Rampe steht und wartet, bis die letzten Zuschauer eingetreten sind und ihre Plätze eingenommen haben.

CECILYS VORTRAG

CECILY: Ich darf zusammenfassen.
Die russische Ausgabe des ‹Kapitals› versetzte Marx in beträchtliches Erstaunen. Sie erschien 1872 in Sankt Petersburg, bevor das Buch noch in irgendeine andere Sprache übersetzt worden war. Er konnte es sich nicht erklären. Die Vorbedingungen für eine sozialistische Revolution, wie er sie sah, bestanden in Rußland überhaupt nicht. Zwei Drittel der Bevölkerung waren Bauern, das Zeitalter der Industrie hatte kaum begonnen, und das Proletariat war dementsprechend bedeutungslos. Nach der marxistischen Theorie hatte Rußland noch die gesamte bürgerlich-kapitalistische Phase durchzumachen.
Die Russen hatten jedoch guten Grund, Marx zu lesen. Manche glaubten, Rußland würde die kommunistische Gesellschaft auf kurzem Wege über einen Bauernaufstand erreichen. Andere begnügten sich damit, kommunistische Ideale im Rahmen der populistischen Bewegung anzustreben, die damals vor allem anderen die Revolution verfocht. Die Populisten oder Narodniki hofften, durch Erziehung oder Aufwiegelung mit dem Gewicht jener Millionen Bauern das Rad der Reform weiterzutreiben. Aber in Rußland gab es die Handlungs- und Meinungsfreiheit, die seit langem in Westeuropa errungen war, nun einmal nicht, und im Jahre 1874 war die Aktivität der Populisten bereits zerschmettert. In der Folge gründeten die Narodniki eine Geheimpartei namens ‹Land und Freiheit›. Doch bald ergaben sich Meinungsverschiedenheiten über die Frage der Gewalt. Plechanow, der führende russische Marxist, verließ mit seinen Anhängern die Partei. Die übrigen, die unter dem Namen ‹Der Volkswille› in ihr verblieben, widmeten sich dem Terrorismus, dessen Hauptziel die Ermordung des Zaren Alexander II. war. Diese gelang ihnen im März

1881. Alle Führer des ‹Volkswillens› wurden gefangen und gehängt. Plechanow floh aus Rußland und ließ sich in der Schweiz nieder. Hier, im Exil, legten er und seine Mitarbeiter den Grundstein zur russischen Arbeiterpartei, aus der die Kommunistische Partei hervorging.
Der Führer der Zarenmörder hatte erklärt, es sei nötig, der Geschichte manchmal einen Stups zu geben. Marx fand, der Terrorismus sei unwissenschaftlich und nutzlos. Die Ereignisse nach 1881 gaben ihm recht. Alexander II. hatte die Leibeigenen befreit und gemäßigte Reformen zugelassen. Nach seinem Tod aber war die Unterdrückung härter denn je zuvor. Die Reformen waren offenbar ein Fehler gewesen. Alexander III. schickte sich an, Rußland zu re-russifizieren. Sechs Jahre später flackerte die Partei des ‹Volkswillens› noch einmal auf. Eine Gruppe von Studenten, die sich miteinander verschworen hatten, um den Zaren zu töten, wurde verhaftet.
Unter ihnen befand sich der älteste Sohn einer unbescholtenen Familie aus Simbirsk – Alexander Uljanow, der zwanzigjährige Bruder Wladimirs. Die Familie wußte nichts von seiner Tätigkeit und war entsetzt über die Verhaftung. Wladimir war fast siebzehn. Der Vater, ein Bezirks-Schulinspektor, war im Jahr davor gestorben. Als die Nachricht von der Verhaftung nach Simbirsk drang, machte sich die Mutter auf die 1600 Kilometer lange Reise nach Sankt Petersburg, um Alexanders Begnadigung zu erflehen. Eines Tages im Mai – sie hatte ihn am Vorabend noch besucht – erfuhr sie aus einer Zeitung, die sie auf der Straße kaufte, daß Alexander gehängt worden war.
Zu dieser Zeit bereitete Wladimir sich auf seine Abschlußprüfungen an der Mittelschule vor. Er wurde Klassenerster. Die Familie übersiedelte nach Kasan, wo Wladimir die Universität bezog, und dort in Kasan, vertieft in seine Studien in der kleinen Küche der Uljanowschen Wohnung am Rande jener uralten orientalischen Stadt, las Wladimir zum erstenmal Karl Marx. Seine Treue zu Marx wurde damals begründet und nie mehr erschüttert. Marx hatte ihm den einzigen Weg in die Zukunft gewiesen. Marx zu zitieren genügte, um jeden Streit zu beenden. An Marx zu zweifeln, bedeutete Verrat an der Revolution.
Wladimirs Rolle als öffentlicher Sachwalter des orthodoxen Marxismus begann in den späten neunziger Jahren im sibirischen Exil – auf seine erste Auslandsreise, um Kontakt mit Plechanow und anderen emigrierten russischen Marxisten in Genf zu gewinnen, war 1895 seine Verhaftung gefolgt. Während seines eigenen Exils in Sibirien fing Wladimir damit an, seine Artikel mit dem Decknamen ‹Lenin› zu zeichnen.

Um diese Zeit hatte sich eine Genossin zu ihm gesellt, Nadeschda Krupskaja, die er im Exil zur Frau nahm.
Gleich Marx war Lenin davon überzeugt, daß die Geschichte sich dialektisch fortbewege, durch den Aufeinanderprall gegensätzlicher Kräfte und nicht durch pragmatisches Lavieren über Trittbretter und Schrittsteine hinweg. Bei ihm ging's hart auf hart. Der Klassenkampf war Krieg, und um ihn wirksam zu führen, mußte die Partei aus einer kompakten Gruppe von Berufsrevolutionären bestehen, die Befehle erteilten. Aus dem einen Exil ins andere, selbstauferlegte Exil im Ausland geraten, stieß Lenin auf Gegnerschaft in der Partei. Manche seiner Genossen wollten eine Partei auf breiterer Basis, die bis hinunter in die Fabrikhallen reichte. Lenin erwiderte, in der russischen Autokratie wäre dies nutzlos und sogar schädlich. So entstand ein Riß in der Fassade, und auf dem Zweiten Kongreß im Jahre 1903, in der Augusthitze der Tottenham Court Road in London, lief der Spalt mitten durch die Partei. Zuletzt drehte sich alles um die Kontrolle über das Parteiorgan. In einer Atmosphäre gespannter Freundschaftsbeziehungen und bitterer Anwürfe erhielt Lenin seine Majorität. Von da an war seine Fraktion der russischen sozialdemokratischen Arbeiterpartei bekannt als die ‹Mehrheitler› – die Bolschewiki.
Aber die Abstimmung im Kongreß erwies sich als Pyrrhussieg. Monate später wurde das Wort Bolschewiki zur Ironie. Die Minorität im Kongreß – die Menschewiki – erlangte wieder die Kontrolle über das Parteiorgan und das Zentralkomitee und wirkte wesentlich stärker während der mißglückten Revolution von 1905 in Sankt Petersburg. Als die Revolution fehlschlug, zogen sich die Menschewiken in den Panzer eines halb-legalen Marxismus zurück: die Revisionisten saßen in der Festung. Aber Lenin hatte sie bereits verlassen und den Gral mit sich genommen, und während zehn weiterer Jahre im Exil führte er Wortgefechte gegen alle Revisionisten und Reformisten. 1914 brachte der Krieg jedoch einen neuen Feind des Marxismus hervor: den Patrioten.
Karl Marx hatte es als axiomatisch angesehen, daß die Arbeiter aller Länder mehr miteinander gemeinsam hätten als mit ihren bürgerlichen Landsleuten. Auf jeder ihrer Konferenzen bis knapp vor Ausbruch der Feindseligkeiten beharrten die Sozialisten darauf, an einem kapitalistischen Krieg nicht teilnehmen zu wollen.
Aber im August 1914 wurde die sozialistische Bewegung vom Kriegsfieber überflutet. Im Reichstag stimmten die Sozialdemokraten nahezu einhellig für Kriegsanleihen. Ihnen gegenüber entdeckten auch die russischen Sozialdemokraten, daß sie in erster Linie Patrioten waren – oder, wie Lenin sie nunmehr nannte, Sozialchauvinisten.

Der Krieg überraschte Lenin und seine Frau in Galizien, in Österreich-Ungarn. Nach einer kurzen Internierung gelangten sie in die Schweiz und ließen sich in Bern nieder. Im Jahre 1916, auf der Suche nach einer besseren Bibliothek als der in Bern, kam Lenin nach Zürich –
Die Bibliothek ist jetzt hell erleuchtet.
– wo er sich zwei Wochen aufhalten wollte. Aber ihm und Nadeschda gefiel es hier, und sie beschlossen zu bleiben. Sie mieteten ein Zimmer im Haus eines Schusters namens Kammerer in der Spiegelgasse 14. Zürich war im Krieg ein Magnet für Flüchtlinge, Emigranten, Spione, Anarchisten, Künstler und Radikale aller Art. Hier konnte man James Joyce sehen, der den Roman zu einem dauerhaften Denkmal seiner selbst zusammenschweißte, jenem Buch, das die Welt jetzt unter dem Titel ‹Ulysses› kennt. Und hier produzierten sich auch allnächtlich die Dadaisten im Cabaret Voltaire, Spiegelgasse Nummer 1, angeführt von einem dunkelhaarigen, knabenhaften und gänzlich unbekannten rumänischen Poeten...
Man sieht Joyce durch die Reihen der Bücherregale gehen, ebenso Carr, der jetzt ein Monokel, eine Sportjacke, eine cremefarbene Flanellhose und einen flachen Strohhut trägt und eine große Schere in der Hand hält, die er gedankenvoll auf- und zuklappt, während auch er zwischen den Bücherreihen umhergeht. Joyce und Carr verschwinden aus dem Blickwinkel.
Jeden Morgen um neun, sobald die Bibliothek geöffnet wurde, fand Lenin sich ein.
Lenin tritt ein und sagt auf russisch ‹Guten Morgen›: ‹Dobroje utro›.
Er arbeitete bis Mittag, wenn die Bibliothek zumachte, kam dann wieder und arbeitete bis sechs, außer donnerstags, wo wir geschlossen waren. Er bereitete sein Buch über den Imperialismus vor.
Man sieht Lenin über Bücher und Papiere gebeugt.
Am 22. Januar 1917 sagte Lenin in der Zürcher Volkshalle vor einem Auditorium von jungen Leuten: ‹Wir von der älteren Generation werden die Entscheidungskämpfe der kommenden Revolution vielleicht nicht mehr erleben.› Wir alle glaubten das ebenfalls. Aber eines Tages, kaum einen Monat später, lief ein polnischer Genosse, Bronski, ins Haus der Uljanows mit der Nachricht, daß in Rußland die Revolution ausgebrochen war...
Nadja tritt ein wie im ersten Akt, und sie und Lenin wiederholen den russischen Dialog, wie er zu Anfang gesprochen wurde. Diesmal übersetzt ihn Cecily für die Zuschauer, indem sie jeden Ausspruch pedantisch auf deutsch wiederholt, sogar das einfache ‹Nein!› und ‹Ja!›. Die Lenins gehen ab. Nadja sagt ‹Dasvedanja› (Auf Wiedersehen) zu Cecily, während sie geht.

Wie Nadeschda in ihren ‹Erinnerungen an Lenin› schrieb: ‹Von dem Moment, da die Nachricht von der Februarrevolution kam, brannte Iljitsch vor Begierde, nach Rußland zurückzukehren.› Aber das war leichter gesagt als getan in diesem Binnenland. Rußland befand sich im Krieg mit Deutschland. Und Lenin war kein Freund der Entente. Seine Anti-Kriegspolitik hatte ihn zu einer Gefahr für sie gemacht – *Carr tritt ein, sehr aufgeräumt in seinem Strohhut, seiner Sportjacke usw.*
– ja, es war klar, daß die Engländer und Franzosen Lenin daran hindern wollten, die Schweiz zu verlassen. Und daß sie ihn überwachen ließen. Ach!
Cecily entdeckt Carr, der ihr die Visitenkarte reicht, die er von Bennett im ersten Akt überreicht bekam.
Tristan Tzara. Dada, Dada, Dada ... **Aber das ist ja Jacks jüngerer Bruder!!!**
CARR: Sie sind wohl Cecily?
CECILY: Schsch!
CARR: Stimmt!
CECILY: Und Sie, aus Ihrer Visitenkarte zu schließen, sind wohl Jacks jüngerer Bruder, der dekadente Nihilist?
CARR: Ach, ich bin ja gar kein dekadenter Nihilist, Cecily. Sie dürfen nicht glauben, daß ich ein dekadenter Nihilist bin.
CECILY: Wenn Sie es nicht sind, dann haben Sie uns alle in unverantwortlicher Weise hintergangen. Sich als dekadenten Nihilisten auszugeben – oder zumindest die Resultate einer solchen Haltung in verschiedenen Farben und Effekten in der Bahnhofstraße wiederzukäuen – das wäre Heuchelei!
CARR *in Verlegenheit versetzt*: Ach! Nun ja – ich hab mich etwas liederlich und herausfordernd benommen.
CECILY: Es freut mich, das zu hören.
CARR: Und wenn Sie schon davon reden – von ausschweifender Arroganz war ich keineswegs frei.
CECILY: Darauf sollten Sie aber nicht stolz sein, so amüsant es auch ist. Sie waren eine arge Enttäuschung für Ihren Bruder.
CARR: Nun, mein Bruder war eine arge Enttäuschung für mich und für Dada. Seine Mutter ist auch nicht gerade entzückt von ihm. Mein Bruder Jack ist ein Dussel, und wenn Sie wissen wollen, warum er ein Dussel ist, dann sag ich's Ihnen genau. Mir hat er erzählt, daß Sie hübsch sind, dabei sind Sie auf den ersten Blick das hübscheste Mädchen auf der Welt. Kann man sich hier irgendwelche Bücher ausleihen?
CECILY: Ich muß bitten, Monsieur Tzara, während der Bibliotheksstunden nicht so mit mir zu reden. Aber die Handbibliothek macht gleich

Mittagspause, darum will ich es übersehen. Intellektuelle Neugier ist nicht so häufig, daß man sich leisten kann, sie vor den Kopf zu stoßen. Was für eine Art Bücher wollen Sie denn?

CARR: Was immer.

CECILY: Ist das Ausmaß Ihrer Interessen unbegrenzt?

CARR: Weit eher möchte ich es erweitern. Dank einer allzu methodischen Erziehung ist mir nichts anderes übriggeblieben, als mich mit einigen rudimentären Kenntnissen durchzuschlagen, so gut ich kann – ich verstehe mich ein wenig auf Artikulation, ich kenne die Vorzüge des Asti spumante, und ich weiß, daß der Auerochs bereits ausgestorben ist.

CECILY: Auch ich weiß nur zu gut, daß der Auerochs ausgestorben ist, Monsieur Tzara. Ehrlich gesagt: Sie haben eine verwandte Saite in mir berührt.

CARR: Politisch bin ich über den Anarchismus nie hinausgekommen.

CECILY: Soso. Ihr älterer Bruder hingegen –

CARR: Bolschewist. Und Sie, wahrscheinlich . . .?

CECILY: Zimmerwaldistin.

CARR: Ach, Cecily, möchten Sie sich nicht zur Aufgabe machen, mich zu reformieren? Wir können gleich beim Mittagessen damit anfangen. Das wird mir Appetit machen. Nichts macht mir so sehr Appetit, wie über einem Glas Rheinwein meinen Überzeugungen abzuschwören.

CECILY: Leider bin ich zu beschäftigt, um Sie heute schon zu reformieren. Ich muß die Mittagspause mit einer Quellensuche für Lenin verbringen.

CARR: Eine Dame, die nach frischem Wasser dürstet?

CECILY: Weit davon entfernt. Ich rede von Wladimir Iljitsch, der mit meiner bescheidenen Hilfe ein Buch über ‹Imperialismus, das höchste Stadium des Kapitalismus› verfaßt.

CARR: Natürlich – L e n i n. Aber jetzt wird er doch schleunigst nach Hause wollen, wo in Sankt Petersburg die Revolution ausgebrochen ist.

CECILY: Das stimmt. Wenn einmal die Geschichte der Revolution geschrieben wird, oder was immer für eine Geschichte, wird die Schweiz kaum sehr ausführlich erwähnt werden. Lenin sind jedenfalls alle Wege versperrt. Er wird in Verkleidung und mit einem falschen Paß reisen müssen. Ach, ich fürchte, ich habe schon zu viel gesagt. Wladimir ist davon überzeugt, daß ihn Agenten überwachen und sich bei jedem einzuschmeicheln versuchen, der ihm nahesteht. Die Engländer sind da am eifrigsten und haben die geringste Eignung dafür. Erst gestern hat der britische Botschafter geheime Anweisungen erhalten, die Häfen zu überwachen.

CARR *beschämt*: Die Häfen?
CECILY: Zugleich hat der britische Konsul in Zürich einen Haufen verschlüsselter Telegramme erhalten, die ihm eine intensive dramatische Tätigkeit nahelegen: ‹Hau sie hin!› – ‹Reiß sie mit!› – ‹Hals- und Beinbruch›, und eins vom Botschafter selbst: ‹Bin heute in Gedanken bei Dir, Horace›.
CARR: Ich glaube, das kann ich aufklären. Der Konsul war jetzt ein paar Wochen lang mit Proben beschäftigt, die gestern abend in einer Vorstellung im Theater zur Kaufleuten in der Pelikanstraße gipfelten. Ich war zufällig dabei.
CECILY: Das wirft immerhin ein Licht darauf, warum er die Geschäfte des Konsulats praktisch seinem Kammerdiener überlassen hat – der zum Glück über radikale Sympathien verfügt.
CARR: Du lieber Himmel!
CECILY: Sie sind überrascht?
CARR: Keineswegs. Ich habe selbst einen Kammerdiener.
CECILY: Tut mir leid, aber ich mißbillige jede Art von Bedienten.
CARR: Da haben Sie ganz recht. Die meisten sind völlig skrupellos.
CECILY: In der sozialistischen Gesellschaft wird es keine mehr geben.
CARR: So heißt es. Wem hat dieser Kammerdiener die Korrespondenz des Konsuls gezeigt?
CECILY: Ihrem Bruder Jack. Ach Gott, da red ich wieder von ihm. Sie sind überhaupt nicht wie Ihr Bruder. Viel – englischer.
CARR: Ich versichere Ihnen, ich bin so sehr Bulgare wie er.
CECILY: Er ist Rumäne.
CARR: Das ist dasselbe. Manche nennen es so, manche so.
CECILY: Das wußte ich nicht. Aber ich habe es immer vermutet.
CARR: Jedenfalls wird jetzt, nach der Premiere von ‹Bunbury›, der Konsul seinen Kammerdiener zweifellos der diplomatischen Geschäfte entheben. Der Wahrheit die Ehre: er hat einen großen persönlichen Triumph in der anstrengenden Rolle gefeiert.
CECILY: Als Bunbury?
CARR: Nein, der andere.
CECILY: Ich kenne das Stück nicht. Aber ich habe davon gehört und lehne es ab. Ein Ire soll es geschrieben haben – ein Geck und Aushängeschild dieser separatistischen Brüderschaft, wie ich höre.
CARR: Ihre Ohren trügen, Cecily. Weit davon entfernt, ein Aushängeschild dieser separatistischen Brüderschaft zu sein, stand Oscar Wilde der Politik gleichgültig gegenüber. Er war vielleicht gelegentlich ein wenig überelegant, dafür war er ideologisch völlig uninteressiert.
CECILY: Das ist ja mein Einwand gegen ihn. Die einzige Pflicht und Rechtfertigung der Kunst ist die Sozialkritik.

CARR: Das ist eine höchst bemerkenswerte Ansicht über die einzige Pflicht und Rechtfertigung der Kunst, Cecily, aber sie hat den Nachteil, daß eine ganze Menge von dem, was wir Kunst nennen, keine solche Funktion besitzt und dennoch einen Hunger stillt, den Herzöge und Handwerker miteinander gemeinsam haben.

CECILY: Monsieur Tzara: in einer Zeit, da der Unterschied zwischen einem Herzog und einem Handwerker in den Sternen geschrieben schien, war die Kunst selbstverständlich eine Bestätigung für den einen und ein Trost für den anderen. Wir aber leben in einer Zeit, in der die Gesellschaftsordnung als Resultat materieller Kräfte angesehen wird, und uns wurde eine ganz neue Art von Verantwortung auferlegt, nämlich die, die Gesellschaft zu verändern.

CARR: Nein, nein, nein, nein, nein – meine liebe junge Dame! Die Gesellschaft wird nicht von der Kunst verändert, sie selbst ändert höchstens die Kunst.

Von hier an erhitzt sich das Gespräch zunehmend.

CECILY: Kunst i s t Gesellschaft! Sie ist einer von vielen Teilen, die einander berühren, von der Poesie bis zur Politik. Und bevor das alles reformiert wird, ist die künstlerische Dekadenz – ob sie nun in Form eines geschliffenen Epigramms auftritt oder als eine Handvoll Wörter, die dem Zuhörer ins Gesicht geschmissen werden – nichts als ein Luxus, den sich nur Künstler leisten können.

CARR: Seien Sie so gut und verwechseln Sie diese Dada-Lotterie nicht mit der viktorianischen Salonkomödie –

CECILY: Beides bourgeois – beides dekadent –

CARR: Sie haben von beidem keine Ahnung –

CECILY: Und Sie zuviel –

CARR: Schulmamsell!

CECILY: Dandy!

CARR: Lieber ein Hosennarr als ein Blaustrumpf!

CECILY: Ich muß schon bitten, Monsieur Tzara!

CARR: Bereits gewährt, Miss Cecily!

Wieder einmal ein Zeitrutsch.

CECILY: Ich muß schon bitten, Monsieur Tzara, während der Bibliotheksstunden nicht so mit mir zu reden. Aber die Handbibliothek macht gleich Mittagspause, darum will ich es übersehen. Intellektuelle Neugier ist nicht so häufig, daß man sich leisten kann, sie vor den Kopf zu stoßen. Was für eine Art Bücher wollen Sie denn?

CARR: Was immer. Treffen Sie die Wahl. Möchten Sie sich nicht zur Aufgabe machen, mich zu reformieren? Wir können gleich beim Mittagessen damit anfangen.

CECILY: Leider bin ich zu beschäftigt, um Sie heute schon zu reformie-

ren. Sie werden sich selbst reformieren müssen. Hier ist ein Artikel, den ich für Wladimir Iljitsch übersetzt habe. Er richtet sich an die englischen, französischen und deutschen Sozialisten, die durch Ökonomismus, Opportunismus und Sozialchauvinismus vom rechten Pfad abgekommen sind.
Sie reicht ihm die Mappe, die zu Anfang in ihren Besitz gekommen ist. Sie ist identisch mit der, die Gwen Tzara übergeben hat.
CARR: Das klingt unerhört ernsthaft. Was soll es heißen?
CECILY: Gewerkschaften, Parlament und Unterstützung für den Krieg. Sie haben sicher keine Ahnung, Monsieur Tzara, daß in den westeuropäischen Regierungen zur Zeit zehn sozialistische Minister sitzen.
CARR: Ich muß gestehen, mein Beruf hat mich daran gehindert, mich für europäische Politik zu interessieren. Aber zehn – das ist jedenfalls eindrucksvoll.
CECILY: Es ist ein Skandal. Sie unterstützen einen imperialistischen Krieg. Einem Sozialisten darf es nichts ausmachen, wer gewinnt: dieser Krieg wird zwischen Sklavenhaltern um eine gerechtere Verteilung der Sklaven geführt. Währenddessen wird der wahre Krieg, der Klassenkampf, durch Revisionisten wie Kautsky und Ramsey MacDonald unterminiert.
CARR *erstaunt*: Macdonald – das ist doch ein absoluter Bolschewik. Jeder weiß das – er war gegen den Krieg.
CECILY: Trotzdem ist er ein Ökonomist und Opportunist.
CARR: Meinen Sie wirklich, wer Löhne hinauftreibt und die eigenen Jungs zur Macht bringt, handelt gegen die Interessen der Arbeiter?
CECILY: Natürlich. Es spielt sich innerhalb des bürgerlich-kapitalistischen Systems ab und verzögert seinen Untergang. Karl Marx hat dargelegt, daß der Kapitalismus sich sein eigenes Grab schaufelt. Sich selbst überlassen, wird er sich zerstören. Sowie die Kluft zwischen arm und reich größer wird –
CARR: Aber das geschieht ja gar nicht.
CECILY: Nicht im Augenblick, aber Wladimir Iljitsch hat in seinem neuen Buch ‹Imperialismus, das höchste Stadium des Kapitalismus› nachgewiesen, daß der europäische Arbeiter Nutzen aus der Ausbeutung seiner kolonialen Brüder zieht. Der Imperialismus hat eine Atempause eingeschoben, aber die unerbittliche Auswirkung der marxistischen Theorie vom Kapital –
CARR: Nein, nein, nein, nein, meine liebe junge Dame – Marx hat sich geirrt. Er hat sich aus guten Gründen geirrt, aber geirrt hat er sich doch. Und das zweifach. Erstens war er das Opfer eines historischen Malheurs, und zweitens hat sein Materialismus ihn und seine Theorie zum Narren gehalten –

CECILY *kühl*: Monsieur Tzara, Sie beleidigen mich und meine Genossen –

CARR: – ganz besonders aber seine Genossen zum Narren gehalten. Das historische Malheur hätte jedem passieren können. Unglücklicherweise bekam er das kapitalistische System in seiner trügerischsten Periode zu Gesicht. Die industrielle Revolution hatte die Menschen in Elendsquartieren zusammengepfercht und in Fabriken versklavt, aber es hatte ihnen noch nicht die Vorteile einer industrialisierten Gesellschaft gebracht. Marx blickte um sich und sah, daß dieses System auf einer Armee armseliger Lohnsklaven beruhte. Daraus zog er die Lehre, daß der Reichtum des Kapitalisten das Gegenstück zur Armut des Arbeiters war, und dem Arbeiter eigentlich in Form von unbezahlter Arbeit gestohlen wurde. Er glaubte, das Ganze funktioniere so. Diese falsche Annahme folgte selbst einer falschen Prämisse. Die Prämisse bestand darin, daß die Menschen eine sensationelle Art von Materie wären und sich in einer materiellen Welt voraussagbar verhalten würden. Marx sagte voraus, sie würden sich gemäß ihrer Klasse verhalten. Aber das taten sie nicht. Benachteiligt, eigennützig, bitter oder habgierig, wie sie nun einmal waren, legten sie doch Zeichen höherer Intelligenz, höherer Stärke, höherer Moral an den Tag ... Gesetzgebung, Gewerkschaften, Aktienkapital, Kaufkraft – auf alle möglichen Arten und aus allen möglichen Gründen rückten die Klassen enger zusammen statt weiter auseinander. Der kritische Augenblick trat nicht ein. Er wich sogar zurück. Der Wendepunkt muß ungefähr um die Zeit gekommen sein, als nach achtzehn Jahren schwerer Arbeit endlich das ‹Kapital› vollständig erschien – ein bewegendes Beispiel, Cecily, für die Torheit der Schriftstellerei. Wie süß Sie plötzlich aussehen – sanft errötet wie eine Rose.

CECILY: Das kommt davon, daß ich sofort in Ihr zierliches Strohhütchen kotzen werde, Sie eingebildeter Gockel – Sie affektierter Geck, Sie Dandy, Sie bourgeoiser intellektueller Schwindler, Sie – Künstler Sie! Glauben Sie, darum geht es im Sozialismus?
Daß man streiken darf, wählen darf, kaufen darf oder nicht, dies darf und jenes darf? – G l a u b e n   S i e ,   e s   g e h t   d a r u m ,   K o n z e s s i o n e n   z u   e r r e i c h e n ? Im Sozialismus geht es um das Eigentum – das angeborene Recht der Menschen auf gemeinsames Eigentum an ihrem Land und seinen Reichtümern an G r u n d   u n d   B o d e n , an dem, was d a r u n t e r liegt und was aus ihm w ä c h s t , und dem gesamten Gewinn und jedem Nutzen! Eine neue Gesellschaft, von der Wurzel bis zur Krone, die wächst nicht wie Blätter am Baum. Marx hat uns gewarnt vor den Liberalen, den Menschenfreunden, den stückweisen Reformern – nicht von d e n e n kommt der Um-

schwung, sondern von einem frontalen Zusammenstoß – so entsteht Geschichte. Als Lenin 21 war, herrschte eine Hungersnot in Rußland. Die Intellektuellen organisierten Hilfsaktionen – Suppenküchen, Saatkorn, lauter edle Liebesgaben, und Tolstoj allen voran. Lenin tat – überhaupt nichts. Er hatte begriffen, daß die Hungersnot eine Streitkraft der Revolution war, daß sie den Zusammenbruch der Bauern beschleunigte und Rußland dem industrialisierten Kapitalismus näher brachte und damit der sozialistischen Revolution, der Diktatur des Proletariats, der kommunistischen Gesellschaftsordnung. Einundzwanzig Jahre alt, in Samara, 1890 bis 91. Nur ein Junge, und begriff das alles – also erzählen Sie mir nichts von höherer Moral, Sie schamloser Gockelhahn. Die ganze Zeit, während Sie von den Klassen reden, stellen Sie sich vor, wie ich wohl aussehe, wenn ich nichts am Leibe hab als meine blauen Strümpfe –

CARR: Kein Wort wahr!

Offenbar aber doch. Während Cecily weiterredet, wird uns Carrs Vorstellung von ihr vermittelt: farbige Lichter beginnen über ihre Gestalt zu huschen, und nahezu das ganze übrige Licht verlöscht bis auf einen Spot auf Carr.

Entsprechende Musik.

Carr ist verzückt. Die Musik schwillt an. Cecily kann etwa auf ihren Schreibtisch klettern. Der Schreibtisch hat vielleicht eingebaute ‹Kabarettbeleuchtung›, die man an dieser Stelle benützt.

CECILY: In England sind die Armen im Besitz der Reichen und die Frauen im Besitz der Männer. Fünf Prozent der Menschen besitzen achtzig Prozent des Eigentums. Der einzige Ausweg ist der Weg von Marx und der Weg von Lenin, dem Feind des Revisionismus – des Ökonomismus – des Opportunismus – des Liberalismus – des bürgerlich-anarchistischen Individualismus – des pseudosozialistischen ex-Temporismus, des syndikalistischen pseudo-marxistischen Populismus, des liberalen pseudo-kommunistischen Opportunismus, des ökonomischen pseudo-internationalistischen Imperialismus, des sozialchauvinistischen pseudo-zimmerwaldistischen Menschewismus, des unabhängigen pseudo-sozialistischen Annexationismus, des Kautskyismus – des Bundismus, des Kantismus –

CARR: Weg damit!!

Die Beleuchtung wird augenblicklich wieder normal.

CECILY: Ich muß schon bitten, Monsieur Tzara, während der Bibliotheksstunden nicht so mit mir zu reden. Aber die Handbibliothek macht gleich Mittagspause, darum will ich es übersehen. Intellektuelle Neugier ist nicht so häufig, daß man sich leisten kann, sie vor den Kopf zu stoßen. Was für eine Art Bücher wollen Sie denn?

CARR: Bücher? Wieso Bücher? Was meinen Sie mit Büchern, Cecily? Ich habe Herrn Lenins Artikel gelesen, mehr brauch ich nicht. Ich bin hergekommen, um Ihnen zu sagen, daß Sie für mich die sichtbare Verkörperung absoluter Vollendung sind.
CECILY: An Leib oder Seele?
CARR: In jeder Hinsicht.
CECILY: Ach, Tristan!
CARR: Auch du wirst mich lieben und mir alle deine Geheimnisse sagen, ja?
CECILY: Du dummes Schätzchen – gewiß! Ich habe monatelang auf dich gewartet.
CARR *erstaunt*: Monate?
CECILY: Seit Jack mir erzählte, er hätte einen jüngeren Bruder und der sei ein dekadenter Nihilist, war es mein kindlicher Traum, dich zu reformieren und zu lieben.
CARR: Ach, Cecily!
Ihre Umarmung zieht ihn hinter dem Schreibtisch zu Boden. Er taucht vorübergehend auf.
Aber liebste Cecily, du willst doch nicht sagen, du könntest mich nicht lieben, wenn –
Und wird sofort wieder zu Boden gezogen.
Nadja tritt ein und kommt nach vorn an die Rampe, um sich gelassen und undramatisch an die Zuschauer zu wenden.
NADJA: Sobald die Nachricht von der Revolution eintraf, brannte Iljitsch vor Begierde, nach Rußland zurückzukehren ... Er konnte nicht mehr schlafen und heckte des Nachts alle möglichen unglaublichen Pläne aus. Daß wir im Flugzeug reisen sollten. Aber so etwas konnte man sich nur im Fieberwahn der Nacht ausdenken. Daß man sich den Paß eines neutralen Ausländers verschaffen sollte. Brief an Jakob Hanecki in Stockholm, 19. März 1917 ... ‹Ich kann nicht länger warten. Kein legales Transportmittel verfügbar. Was auch geschieht, Sinowjew und ich müssen nach Rußland. Der einzige mögliche Plan ist dieser: Sie müssen zwei Schweden auftreiben, die Sinowjew und mir ähnlich sehen, aber da wir nicht schwedisch können, müssen wir taubstumm sein. Ich lege zu diesem Zweck unsere Fotografien bei.›
Tzara tritt ein.
TZARA *klingt immer ungläubiger*: Zwei ... schwedische ... Taubstumme?
Er lehnt sich mit dem Rücken an den Schreibtisch.
NADJA *immer noch vorn und unabhängig von Tzara*: Der Plan, von dem in diesem Brief die Rede war, wurde nicht durchgeführt.

Lenin tritt ein, glattrasiert und mit einer Perücke.
Brief an W. A. Karpinski in Genf, vom selben Tag, dem 19. März
1917... ‹Lieber Wjatscheslaw Alexejewitsch. Ich überlege hin und her,
wie ich's mit der Reise machen könnte. Was jetzt folgt, ist streng geheim.
Bitte, antworten Sie mir sofort und vielleicht besser per Expreß
– wir werden die Partei wohl nicht ruinieren, wenn wir ein paar
Dutzend Expreßbriefe mehr schreiben –, damit man beruhigter sein
kann, daß niemand die Post gelesen hat.
*Carr, aufmerksam geworden, schießt hinter dem Schreibtisch hoch
und hört genau zu.*
Lassen Sie sich auf Ihren Namen Papiere für eine Reise nach Frankreich
und England geben, und ich fahre mit diesen Papieren über England
– und Holland – nach Rußland. Ich kann eine Perücke aufsetzen.
Die Fotografie wird von mir schon mit Perücke gemacht, und in
Bern werde i c h mit Ihren Papieren und mit Perücke beim Konsulat
erscheinen.
Cecily taucht hinter dem Schreibtisch auf.
Sie müssen dann zumindest für einige Wochen aus Genf verschwinden
– bis ein Telegramm von mir aus Skandinavien kommt ... Ihr
Lenin. PS. Ich schreibe an Sie, weil ich überzeugt bin, daß zwischen
uns alles absolut geheim bleibt.

CECILY: Jack!
TZARA *dreht sich nach einer Seite um*: Cecily!
CECILY: Ich habe eine Überraschung für Sie. Ihr Bruder ist da.
TZARA: Unsinn! Ich habe keinen Bruder.
CECILY: Ah, sagen Sie das nicht! Er hat jenem dekadenten Nihilismus
abgeschworen, den Sie und Wladimir Iljitsch mit Recht –
TZARA: Was soll das alles heißen, das ist doch absurd – *er dreht sich
nach der anderen Seite um und sieht Carr* – du lieber Gott!
Die Lenins sind fassungslos über diese Vorgänge.
CARR: Jack, mein lieber Bruder, ich bin gekommen, um dich um Verzeihung
zu bitten für all die Unannehmlichkeiten, die ich dir gemacht
habe, und hoffentlich mache ich dir von jetzt an keine Unannehmlichkeiten
mehr.
CECILY: Jack, Sie weisen doch die Hand Ihres Bruders nicht zurück?
TZARA: Nichts wird mich dazu bewegen, seine Hand zu ergreifen. Er
selbst weiß am besten, warum.
*Cecily läuft weinend von der Bühne ab, gefolgt von Carr.
Lenin und Nadja wenden sich ab. Lenin entledigt sich angeekelt seiner Perücke.*
NADJA: Der Plan, von dem in diesem Brief die Rede war, wurde nicht
durchgeführt. Am selben Tag, dem 19. März, trafen alle Gruppen

russischer politischer Emigranten in der Schweiz zusammen, um Mittel und Wege einer Rückkehr nach Rußland zu diskutieren.
Carr kehrt als der alte Carr zurück. Die Beleuchtung verdichtet sich zu einem Spot auf ihn, alles andere liegt im Dunkel. Er nimmt Nadjas Worte auf...
DER ALTE CARR: Am selben Tag, dem 19. März, trafen alle Gruppen russischer politischer Emigranten in der Schweiz zusammen, um Mittel und Wege einer – übrigens, tut mir leid, diese andere Sache, haben Sie's bemerkt? Natürlich haben Sie – hallo, hallo, haben Sie sich gedacht, da macht er's wieder, na schön, gut, lassen wir das, so sah das damals aus: Mitte März, Lenin und ich in Zürich. Ich kam recht nah an ihn ran, hatte Glück mit einer gewissen jungen Dame und bekam allerhand zu hören von seinen Plänen, kurz gesagt, ich hätte die ganze bolschewistische Geschichte im Keim ersticken können, aber – jetzt kommt's. **Ich war mir nicht sicher.** Wie sollte ich mich richtig verhalten? Und dann – meine Gefühle für Cecily! Und vergessen Sie nicht: **damals war er ja noch nicht Lenin! Ich meine, wer war er denn, sozusagen?** Na ja, und ich – das Leben von Millionen Menschen hing davon ab, was ich tun würde, oder ob ich überhaupt was tun würde, ein anderer wäre vielleicht wahnsinnig geworden – übrigens, mir tut das leid, diese Sache vorhin ... Am selben Tag, dem 19. März, trafen alle Gruppen russischer politischer Emigranten in der Schweiz zusammen, um Mittel und Wege einer Rückkehr nach Rußland zu diskutieren ...
Der alte Carr ab. Als Alternative kann auch ein Bildschirm vor ihm heruntergelassen werden, auf den Fotografien der Leute, die Nadja erwähnt, projiziert werden.
NADJA: Martow schlug vor, Passierscheine für Emigranten zur Fahrt durch Deutschland gegen deutsche und österreichische Kriegsgefangene in russischen Lagern auszutauschen. Aber niemand wollte diese Reiseroute wählen außer Lenin, der den Plan sofort aufgriff.
LENIN: 21. März, Brief an Karpinski in Genf:
‹Martows Plan ist gut. Wir sollten auf ihn hinarbeiten, nur können w i r das nicht direkt tun. Uns würde man verdächtigen ... Aber der Plan an und für sich ist s e h r gut und g a n z richtig.›
Carr tritt von neuem ein, wieder jung. Er kommt nach vorn und stellt sich neben Tzara.
Der Teil der Bühne, den Tzara und Carr jetzt einnehmen, hat keine Verbindung zu den Lenins.
Man kann nicht mehr sagen, daß die Szene ‹in der Bibliothek› spielt. Carr und Tzara könnten sich in irgendeinem Café oder an irgendeinem anderen Ort befinden.

CARR: Nach Ansicht der Zeitungen ist der Mann, den man im Auge behalten muß, Kerenski.
NADJA: ‹Die Reise Lenins durch Deutschland im plombierten Wagen› von Fritz Platten, einem Schweizer Sozialisten, 1924. ‹Weil eine unmittelbare Berührung von Emigranten mit deutschen Behörden als unerwünscht angesehen wurde, kam man dazu, Genosse Grimm – den Präsidenten des Zimmerwalder Komitees – mit der Verhandlungsführung zu betrauen.›
CARR: Ich möchte keinen Zweifel daran lassen: meine Gefühle für Cecily waren echt.
NADJA: 25. März. Telegramm vom deutschen Großen Hauptquartier an das Auswärtige Amt in Berlin: ‹Oberste Heeresleitung läßt drahten: Gegen Durchreise russischer Revolutionäre keine Bedenken, wenn sie in Sammeltransport unter sicherer Begleitung erfolgt.›
CARR *zu Tzara*: Hören Sie mal, seien Sie fair. Die Amerikaner sind drauf und dran, in den Krieg einzutreten. Es gibt keinen schlechteren Moment für einen Bolschewiken, die Russen aus der Sache herauszuziehen. Das könnte alles ins Gegenteil verkehren. Ich meine, ich b i n doch auf der richtigen Seite. Denken Sie nur an das prachtvolle kleine Polen – nein, nicht Polen, dieses andere Land.
NADJA: 31. März. Telegramm an Grimm.
LENIN: ‹Definitiver Parteibeschluß akzeptieren Plan für Durchreise russischer Emigranten durch Deutschland. Können weiterer Verzögerung absolut nicht zustimmen. Protestieren schärfstens ...›
NADJA: Lenin beschloß deshalb, mit Hilfe eines Vertrauensmannes selbst einzugreifen. Eines Vormittags gegen 11 Uhr erhielt Fritz Platten einen Telefonanruf im Parteisekretariat, in dem er zu einer Besprechung mit dem Genossen Lenin um ein Uhr dreißig ins Restaurant Eintracht gebeten wurde. Als er dort ankam, fand er eine ganze Reihe von Leuten beim Mittagstisch vor. Lenin, Radek, Münzenberg und Platten zogen sich dann zu einem vertraulichen Gespräch zurück, in dessen Verlauf Lenin die Frage an Platten richtete –
LENIN: Sind Sie bereit, in der Reiseangelegenheit als unser Vertrauensmann zu wirken und als unser Reisebegleiter durch Deutschland zu amtieren?
NADJA: Nach einer kurzen Bedenkzeit willigte Platten ein.
CARR: Und überhaupt – nach der marxistischen Theorie führt ja die Dialektik der Geschichte sowieso zum selben Ziel, m i t ihm oder o h n e ihn. Wenn Lenin nicht existierte, wäre es unnötig, ihn zu erfinden. Und Marx genausowenig, das versteht sich von selbst.
LENIN: Telegramm an Bolschewiken, die aus Skandinavien nach Sankt Petersburg reisen: ‹Unsere Taktik: kein Vertrauen und keine Unter-

stützung neue Regierung. Kerenski besonders verdächtig. Bewaffnung des Proletariats einzige Garantie. Sofortige Wahlen für Petrograder Duma. Kein Rapprochement an andere Parteien. Drahtet dies nach Petrograd.›
NADJA: 3. April. Der deutsche Gesandte in Bern empfing Platten. Dieser war von Lenin und Sinowjew ermächtigt worden, dem Gesandten Romberg folgende Bedingungen zu unterbreiten: 1. daß er, Fritz Platten, unter voller Verantwortung und jederzeitiger persönlicher Haftbarkeit den Wagen mit politischen Emigranten und Legalen, die nach Rußland reisen wollen, führen werde. 2. Daß dem Wagen das Recht der Exterritorialität zuerkannt werde. 3. Keine Paß- oder Personenkontrolle. 4. . . .
CARR: Außerdem verstehe ich nicht, was Sie das angeht. Dieses ganze Herumscharwenzeln um den Marxismus ist doch reine Wichtigtuerei. Sie sind ein netter Bourgeois mit einem Erlaubnisschein von der Hausmutter, und wenn die Revolution wirklich käme, dann würden Sie's am eigenen Leibe spüren und nicht wissen, wie Ihnen geschieht. Sie sind nichts. Sie sind ein Künstler. Und vielfarbige Harnausscheidung imponiert diesen Burschen überhaupt nicht, die werden Sie Blut pissen lassen.
TZARA: Künstler und Intellektuelle werden das Gewissen der Revolution verkörpern. In der Kunst ist er ein Reaktionär und in der Politik hat er eine harte Schule durchgemacht, die schwächere Geister umgebracht hätte, aber er ist erfüllt von der Vision einer Gesellschaft freier und gleicher Menschen. Und er kann zuhören. Er hört auf Gorki – kennen Sie Gorki?
CARR: Nein.
TZARA: Na, machen Sie, was Sie wollen. Für einen Dadaisten kommt auch die Geschichte aus einem Hut.
LENIN: 7. April. Telegramm an Hanecki in Stockholm: ‹Morgen verreisen 20 Personen.›
CARR: Ich glaube nicht, daß in der kommunistischen Gesellschaft Platz sein wird für Dada.
TZARA: Das haben wir ja gegen die jetzige. Sie hat Platz für uns.
NADJA: Um 2 Uhr 30 am Nachmittag des 9. April brachen die Reisenden vom Restaurant Zähringerhof in echt russischer Weise auf, beladen mit Kissen, Decken und etwas persönlicher Habe. Iljitsch trug eine Melone, einen schweren Überzieher und die Nagelschuhe mit den dicken Sohlen, die der Schuster Kammerer in der Spiegelgasse 14 für ihn angefertigt hatte. Telegramm an seine Schwester in Sankt Petersburg:
LENIN: ‹Eintreffen Montag nachts 11. Verständigt Prawda.›
Nadja und Lenin ab.

Man hört in der Ferne einen Zug abfahren.
TZARA: Der Zug fuhr pünktlich um 3 Uhr 10.
Tzara ab.
CARR *entschlossen*: Nein, jetzt besteht kein Zweifel mehr für mich. Man muß ihn aufhalten. Die Russen haben eine Regierung von patriotischen und maßvollen Männern. Fürst Lwow ist ein gemäßigter Konservativer, Kerenski ein gemäßigter Sozialist und Gutschkow ist ein Geschäftsmann. Alles in allem eine vielversprechende Grundlage für eine liberale Demokratie nach westlichem Muster und für eine entschiedene Kriegsführung an der Ostfront, gefolgt von einem rapiden Handelsaufschwung. Ich werde an den Botschafter in Bern telegrafieren.
Carr ab.
Das Zuggeräusch wird sehr laut.
Alles dunkel außer einem Licht auf Lenin. Er trägt wieder einen Bart. Es gibt eine oft veröffentlichte Fotografie Lenins, wie er im Mai 1920 auf einem großen Platz zur Menge spricht: ‹schütteres Haar, Kinnbart, zweireihiger Anzug mit Weste›, wie Carr ihn beschreibt. Er steht da, als kämpfe er gegen einen Sturmwind an, das Kinn vorgereckt, die Hände an den Rand des Rednerpultes geklammert, das ihm bis zur Mitte reicht, die Rechte hält zugleich eine Schirmmütze ... ein mit Recht berühmtes Bild. (Dies ist übrigens das Foto, das Stalin retuschieren ließ, um Kamenew und Trotzki auszumerzen, die auf dem Original deutlich zu sehen sind.)
Das Bild auf der Bühne erinnert jetzt an diese Fotografie.
Falls ein Bildschirm verwendet wurde, muß er jetzt verschwinden. Es ist von struktureller Wichtigkeit für diesen Akt, daß der folgende Monolog von der stärksten Position aus gesprochen wird, nachdem der allgemeine Anblick der Bühne sich auf dramatische Weise verändert hat. Im Idealfall soll Lenin von einer erhöhten Plattform aus sprechen, möglicherweise auf Cecilys Schreibtisch oder von einem Bücherregal.
Lenin, als Redner, ist jetzt allein auf der Bühne.
LENIN: Die Literatur muß heute zur Parteiliteratur werden. Nieder mit den parteilosen Literaten! Nieder mit den literarischen Übermenschen! Die literarische Tätigkeit muß zu einem Teil der allgemeinen proletarischen Sache werden, zu einem ‹Rädchen und Schräubchen› des großen sozialdemokratischen Mechanismus, der von der ganzen Arbeiterklasse in Bewegung gesetzt wird ... Sicher werden sich hysterische Intellektuelle finden, die ob eines solchen Vergleichs ein Geschrei erheben, aber ihr Geschrei wird nur der Ausdruck eines bürgerlich-intellektuellen Individualismus sein.

Verlage und Lager, Läden und Leseräume, Bibliotheken und Buchvertriebe – alles dies muß der Partei unterstehen. Wir wollen und werden eine freie Presse schaffen, frei nicht nur von der Polizei, sondern auch vom Kapital und vom Karrierismus, ja noch mehr, f r e i a u c h v o m b ü r g e r l i c h - a n a r c h i s t i s c h e n I n d i v i d u a l i s m u s ! Diese letzten Worte mögen als ein Paradox oder eine Verhöhnung der Zuhörer anmuten. Beruhigt euch, Herrschaften! Jeder hat die Freiheit, zu schreiben und zu reden, was ihm behagt, ohne die geringste Einschränkung. A b e r jeder freie Verband – darunter die Partei – hat auch die Freiheit, solche Mitglieder davonzujagen, die das Schild der Partei benutzen, um parteiwidrige Auffassungen zu predigen. Zweitens, meine Herren bürgerlichen Individualisten, müssen wir euch sagen, daß eure Reden über absolute Freiheit eine einzige Heuchelei sind. In einer Gesellschaft, die sich auf die Macht des Geldes gründet, kann es keine reale und wirkliche Freiheit geben. Herr Schriftsteller, sind Sie frei von Ihrem bürgerlichen Verleger? Und von Ihrem Publikum, das von Ihnen Pornographie in Rahmen und Bildern fordert? Die Freiheit des bürgerlichen Schriftstellers, des Künstlers und der Schauspielerin ist nur die maskierte Abhängigkeit vom Geldsack, vom Bestochen- und Ausgehaltenwerden. Die sozialistische Kunst und Literatur wird frei sein, weil nicht Gewinnsucht und nicht Karriere, sondern die Idee des Sozialismus und die Sympathie mit den Werktätigen neue und immer neue Kräfte für ihre Reihen werben werden. Sie wird frei sein, weil sie nicht einer übersättigten Heldin, nicht den sich langweilenden und an Verfettung leidenden ‹oberen Zehntausend› dienen wird, sondern den Millionen und aber Millionen Werktätigen, der Blüte des Landes, seiner Kraft und Zukunft.
Ein Höhepunkt ist erreicht, zugleich fällt ein Licht auf Nadja, die vorn an der Rampe steht. Es nimmt der Umgebung ihren öffentlichen Anstrich und verleiht ihr die Intimität eines Innenraums.
Lenin verschwindet.

NADJA: Iljitsch schrieb diese Abhandlung im Jahre 1905 während der ersten Revolution. Im allgemeinen schrieb er wenig über Kunst und Literatur, aber er hatte Freude an ihnen. Manchmal gingen wir zu Konzerten oder ins Theater, sogar ins Tingeltangel – er lachte sehr über die Clowns –, und er war zu Tränen gerührt, als er 1907 in London ‹Die Kameliendame› sah. Gorki erzählt uns in seinen ‹Tagen mit Lenin›, wie sehr Iljitsch Tolstoj bewunderte, und das stimmt auch, besonders ‹Krieg und Frieden›, aber, wie Iljitsch es 1908 in einem Artikel zu Tolstojs 80. Geburtstag formulierte: ...

LENIN *tritt ein*: ... Einerseits ist da ein genialer Künstler, andererseits ein Gutsbesitzer und Narr in Christo. Einerseits ein heftiger, unmittelbarer und aufrichtiger Protest gegen die gesellschaftliche Lüge und Unehrlichkeit, andererseits ein abgenutzter, hysterischer Jammerlappen, genannt russischer Intellektueller, der sich öffentlich an die Brust schlägt und sagt: ‹Ich bin schlecht, ich bin ekelhaft, aber ich befasse mich mit moralischer Selbstläuterung: ich esse kein Fleisch mehr und ernähre mich jetzt von Reiskoteletts.› Einerseits schonungslose Kritik der kapitalistischen Ausbeutung, andererseits ein blödsinniges Predigen des ‹Widersetze dich nicht dem Bösen durch Gewalt›. Tolstoj hat den aufgespeicherten Haß, das reif gewordene Streben zum Besseren, das Verlangen, sich von dem Vergangenen zu befreien – aber auch die Unreife der Träumereien ... und politische Schwammigkeit wiedergegeben, die unter den Hauptursachen für das Mißlingen der Revolution von 1905 gewesen sind.

NADJA: Trotzdem respektierte er Tolstojs Bedeutung als traditioneller Künstler. Die n e u e Kunst erschien ihm einigermaßen fremd und unverständlich. Clara Zetkin erinnert sich in ihren Memoiren, wie er herausplatzte:

LENIN: Unsinn, nichts als Unsinn. Wir sind gute Revolutionäre, aber wir fühlen uns verpflichtet, zu beweisen, daß wir auf ‹der Höhe zeitgenössischer Kultur› stehen. Ich habe den Mut, mich als ‹Barbar› zu zeigen. Ich kann die Werke des Expressionismus, Futurismus, Kubismus und anderer Ismen nicht als höchste Offenbarung des künstlerischen Genies preisen. Ich verstehe sie nicht. Ich habe keine Freude an ihnen.

NADJA: Einmal, 1919, gingen wir in ein Konzert im Kreml, und eine Schauspielerin fing an, etwas von Majakowskij zu deklamieren ... Majakowskij war schon vor der Revolution berühmt, als er seine bruchstückhaften Sätze hinausschrie, in einer gelben Jacke, die Wangen mit blauen Rosen bemalt. Iljitsch saß in der ersten Reihe und fuhr beinahe aus der Haut.

LENIN: Memorandum an A. W. Lunatscharski, Kommissar für Unterricht: ‹Schämen Sie sich nicht, 5000 Exemplare von Majakowskijs neuem Buch zu drucken? Es ist Quatsch, Stumpfsinn, ausgekochter Stumpfsinn und Affektiertheit. Ich glaube, von solchen Dingen sollte höchstens ein Zehntel veröffentlicht werden, und nicht mehr als 1500 Exemplare, für Bibliothekare und Sonderlinge. Lunatscharski aber sollte sein Futurismus ausgeprügelt werden.›

NADJA: Eines Abends wollte Lenin sich selbst davon überzeugen, welche Fortschritte die jungen Leute in den Kollektiven machten. Ich glaube, das war 1921, der Tag, an dem Kropotkin begraben wurde. Es war ein Hungerjahr, aber die jungen Menschen waren voll Hoffnung, und ihre Freude spiegelte sich in seinem Gesicht.

LENIN: Was lest ihr? Lest ihr Puschkin?
NADJA: O nein, sagte einer. Der war doch ein Bourgeois. Wir lesen Majakowskij.
LENIN: Mir gefällt Puschkin besser.
NADJA: Danach hatte Iljitsch eine günstigere Meinung von Majakowskij. Er gab zu, daß er kein kompetenter Richter über dichterische Begabung war. Iljitsch lag viel mehr an der Frage der bürgerlichen Intellektuellen.
LENIN: 13. Februar 1908 an Gorki. Lieber Alexej Maximowitsch ... ich halte einige der Probleme in bezug auf unsere Meinungsverschiedenheit, die Sie aufwerfen, für ein reines Mißverständnis. Natürlich habe ich niemals daran gedacht, Zitat, ‹die Intelligentsia zu verfolgen› ... oder ‹zu leugnen, daß die Intelligentsia für die Arbeiterklasse notwendig ist› ...
NADJA: Gorki kam vor 1905 zur Demokratischen Partei und unterstützte sie durch seine Einkünfte. Iljitsch mochte den Menschen Gorki und er mochte den Künstler Gorki. Er sagte, der Künstler Gorki sei fähig, Dinge sofort zu erfassen. Mit Gorki sprach er immer offen.
LENIN: 15. September 1919 an A. M. Gorki. Lieber Alexej Maximowitsch ... Noch bevor wir Ihren Brief erhielten, hatten wir im Zentralkomitee beschlossen, Kamenew und Bucharin zu beauftragen, die Verhaftungen bürgerlicher Intellektueller, die den Kadetten nahestehen, zu überprüfen und sie, wo immer möglich, freizulassen. Denn es ist uns klar, daß hier Fehler begangen wurden. Es ist ebenso klar, daß die Maßnahme der Verhaftung im allgemeinen notwendig und richtig war. Wenn ich Ihre offene Meinung über diese Sache lese, fällt mir Ihre Bemerkung ein, die mir seit unseren Gesprächen – in London, auf Capri und später – in Erinnerung geblieben ist, nämlich: ‹Wir Künstler sind verantwortungslose Menschen.› Genau! Sie gebrauchen unglaublich zornige Worte – und weshalb? Wegen ein paar Dutzend – oder vielleicht sogar ein paar hundert Kadetten oder kadettenfreundlichen Herren von Stand, die ein paar Tage eingesperrt werden, damit Verschwörungen verhindert werden können, die das Leben von Zehntausenden Arbeitern und Bauern bedrohen. Was für ein Unglück! Was für eine Ungerechtigkeit! Ein paar Tage oder sogar Wochen Gefängnis für Intellektuelle, um das Massaker von Zehntausenden Arbeitern und Bauern zu verhüten. ‹Künstler sind verantwortungslose Menschen!› Sowohl auf Capri wie später sagte ich Ihnen, daß Sie sich gestatten, sich mit den allerärgsten Elementen der bürgerlichen Intelligentsia zu umgeben und auf ihr Gejammer hereinzufallen.
Nein, wirklich, Sie werden zugrundegehen, wenn Sie sich nicht von

diesen bürgerlichen Intellektuellen trennen. Von ganzem Herzen wünsche ich mir, daß Sie es schleunigst tun. Alles Gute, Ihr Lenin. PS. Sie schreiben ja auch nichts! Ein Künstler, der sich dem Gejammer verrottender Intellektueller ausliefert – ist das nicht ruinös und eine Schande?

NADJA: Ich weiß noch, wie Iljitsch 1903 in London sich danach sehnte, ins Moskauer Künstlertheater zu gehen und ‹Nachtasyl› zu sehen. Nach der Revolution taten wir es. Es versteht sich von selbst, daß er hohe Maßstäbe an eine Gorki-Inszenierung anlegte. Nun, die Übertreibungen der Schauspieler ärgerten ihn. Nachdem er ‹Nachtasyl› gesehen hatte, mied er das Theater auf lange Zeit. Aber einmal ging er hin, um sich ‹Onkel Wanja› anzuschauen, das er sehr liebte. Und schließlich, als wir 1922 das letzte Mal ins Theater gingen, sahen wir eine Dramatisierung von Charles Dickens' ‹Das Heimchen am Herd›. Nach dem ersten Akt fand Iljitsch es öde. Die süßliche Sentimentalität ging ihm auf die Nerven, und während des Dialogs zwischen dem alten Spielzeugmacher und seiner blinden Tochter ertrug er es nicht länger, und wir gingen weg.

Die Appassionata von Beethoven wird leise hörbar.
Aber ich erinnere mich, wie er eines Abends im Hause eines Freundes in Moskau eine Beethovensonate hörte...

LENIN: Ich kenne nichts Besseres als die Appassionata. Eine erstaunliche, nicht menschliche Musik. Ich denke immer voller Stolz, der vielleicht naiv ist: Was für Wunder können die Menschen vollbringen. Aber ich kann die Musik nicht oft hören, sie greift die Nerven an, man möchte liebevolle Dummheiten sagen und den Menschen die Köpfe streicheln, die in einer widerwärtigen Hölle leben und so etwas Schönes schaffen können. Heutzutage darf man niemandem den Kopf streicheln – die Hand wird einem abgebissen, man muß auf die Köpfe einschlagen, mitleidlos einschlagen, obwohl wir, unserem Ideal nach, gegen jede Gewaltanwendung gegenüber den Menschen sind... Hm-hm, ein teuflisch schweres Amt...

Das Licht verlöscht über ihm. Er geht ab.
Die Musik klingt weiter.

NADJA: Einmal, als Wladimir im Gefängnis war – in Sankt Petersburg –, da schrieb er mir und bat mich, zu gewissen Tageszeiten auf einem ganz bestimmten Pflasterstein in der Schpalernaja zu stehen. Wenn man die Gefangenen auf ihren Rundgang führte, war es möglich, durch eines der Fenster im Korridor einen raschen Blick auf diesen Punkt zu werfen. Ich ging mehrere Tage hin und stand lange auf dem Pflaster dort. Aber er sah mich nie. Irgend etwas ging schief. Ich weiß nicht mehr was.

Die Appassionata schwillt im Dunkel an, um den Szenenwechsel zum ‹Zimmer› zu übertönen.
Gwen sitzt am Tisch. Auf dem Tisch steht Teegebäck. Die Appassionata degeneriert absurd zu dem Schlager ‹Mr. Gallagher and Mr. Shean›, dessen Musik das folgende untermalt. Das Reimschema des Liedes ist offenkundig: die erste Zeile ist ein ungereimter Auftakt.
Bennett tritt ein, nach ihm Cecily.
BENNETT: Miss Carruthers ...
CECILY: Cecily Carruthers ...
GWEN: Cecily Carruthers! Wie hübsch das klingt!
    Solche Namen müssen
    Babies nicht verdrießen
    wenn man sie ans Taufbecken bringt.
CECILY: Liebste Miss Carr, liebste Miss Car,
    wir wollten gute Freunde sein, nicht wahr?
    Bitte, nicht stören lassen –
GWEN *zu Bennett*: Bennett, Tee und zwei Tassen –
    Ach setzen Sie sich doch –
CECILY: sehr gern, Miss Carr.
Bennett ab.
GWEN: Miss Carruthers, ach, Miss Carruthers ...
    Ich bitte, nennen Sie mich Gwendolen.
    Das ist doch selbstverständlich
    jetzt treffen wir uns endlich,
    ich weiß, wir beide werden uns verstehn.
CECILY *geschraubt*: Ach, Gwendolen, ach, Gwendolen ...
    Es freut mich über alles, Sie zu sehn.
    Auch ich darf Sie ersuchen,
    mich Cecily zu rufen.
GWEN: Mit Freude, Cecily.
CECILY: Danke, Gwendolen.
    Ach, Gwendolen, ach, Gwendolen ...
    Im Grunde kennen wir uns ja schon lang
    Hinterm Pult – wie betrüblich –
    wirk ich weniger lieblich –
GWEN: Nein, Cecily, daß mir das entgang!
    Ach, Cecily, ach, Cecily,
    ich hoffe, Sie verübeln mir das nie,
    nun sagen Sie mir ehrlich:
    ist der Bankdienst sehr beschwerlich?
CECILY: Ich bin Bibliothekarin –
GWEN: – ach Verzeihung, Cecily.

CECILY: Ach, Gwendolen, ach, Gwendolen,
aus ganz besondren Gründen bin ich hier,
ich muß Nachgebühr kassieren,
um Homer nicht zu verlieren,
und die ‹Irish Times› vom Juni neunzehnvier.
GWEN: Ach, Cecily, ach, Cecily,
ein Freund von mir studiert die Odyssee
Er war sich nicht im klaren,
daß die Bücher fällig waren –
CECILY: Seit Oktober, Gwendolen –
GWEN: und auf meinen Ausweis, Cecily.
Bennett tritt mit dem Teegeschirr ein. Es wird in der Folge mehrfach Tee eingegossen und getrunken werden, nicht zu reden davon, daß Tassen plötzlich klirrend auf die Untertassen gestellt werden: aber diesbezügliche Regieanweisungen sind hier unterlassen.
GWEN *wechselt Bennetts wegen das Thema*: Ach, Cecily, ach, Cecily,
ist dieser Russe nicht Ihr Freund – Lenin?
Tagtäglich sitzt er da,
‹Volkswirtschaft A–K›
CECILY *traurig*: Die Zeiten sind für ewig nun dahin.
Ach, Gwendolen, ach, Gwendolen,
heut ist er abgefahren mit dem 3 Uhr 10,
ich komm von der Station,
doch bald hörn wir von ihm schon –
GWEN *unaufrichtig*: Ohne Zweifel, Cecily –
CECILY: – sicher, Gwendolen.
Bennett ab.
Ach, Gwendolen, ach, Gwendolen,
die Bibliothek wird jetzt entsetzlich fad –
außer Monsieur Tzara reisen
alle, die sich Bolschewiken heißen,
mit dem Sonderzug puffpuff nach Petrograd.
GWEN: Verzeihung, Ceyily, ach, liebe Cecily,
Monsieur schreibt seinen Namen wie?
T-Z-A-R-A – ist das wahr?
Und ein Bolschewik ist er gar?
CECILY: Ohne Zweifel, Gwendolen!
GWEN: Erstaunlich, Cecily.
Ach, Cecily, ach, Cecily,
was Sie mir sagen, gibt mir einen Schreck,
Tristan muß mir das erklären
von ihm selbst will ich's hören –

CECILY: Tristan? Ich mein doch seinen Bruder Jack!
 Ach, Gwendolen, ach, Gwendolen,
 um Tristan kann's hier nie und nimmer gehn.
GWEN: Bruder Jack ist mir neu –
CECILY: Ja, er ist etwas scheu.
GWEN: Ohne Zweifel –
CECILY: – aber sicher, Gwendolen.
 Ach, Gwendolen, ach, Gwendolen ...
 Ich will es Ihnen rundheraus gestehn ...
 Tristan schreitet jetzt zur Tat
 für das Proletariat,
 weil wir beide uns so gut verstehn.
GWEN *erhebt sich*: Nein, Cecily, nein, Cecily.
 Setzt sich wieder. Für mich schwärmt Tristan,
 keineswegs für Sie.
 Was er schreiben will und kann,
 geht Sie gar nichts –
CECILY: – das bezweifle ich –
GWEN: – aber sicher, Cecily.
 Ach, Cecily, ach, Cecily,
 Da täuschen Sie sich wirklich ganz und gar.
 Denn wie Tristan gestern sagte,
 als ich ihn danach befragte,
 gibt es für ihn nichts als l'art pour l'art.
CECILY: Ach, Gwendolen, ach, Gwendolen,
 seitdem ist aber einiges geschehn,
 heut entschloß er sich eben,
 die Kunst aufzugeben,
 oder nur als Mittel zum Zweck anzusehn.
GWEN *eisig*: Ach, Cecily, ach, Cecily,
 Zu meinem Kummer muß ich sagen, daß
 dies Kapitel von Joyce ihn beglückt,
 und was ihn daran entzückt,
 ist der Bewußtseinsstrom im höchsten Maß.
CECILY: Ach, Gwendolen, ach, Gwendolen,
 Ihnen zu wiedersprechen macht mir Pein –
 daß sein Klassenbewußtsein heute
 ihm mehr als alles bedeute,
 ist klar –
GWEN: Petit bourgeois?
CECILY: Eher Sie, Gwendolen!
GWEN *erhebt sich*: Miss Carruthers –

CECILY *erhebt sich*: – ja, Miss Carr?
GWEN: Leider rufen mich jetzt andre Pflichten –
CECILY: Vielleicht führt Sie mal Ihr Weg
  wieder in die Bibliothek –
  sollten Sie die Nachgebühr entrichten.
  Miss Carr – *verbeugt sich*
  Cecily geht zur Tür.
GWEN: Miss Carruthers,
  Sehn Sie mich lieber als vermißt an.
  Für Manieren wie die Ihren
  würde ich mich sehr genieren –
CECILY: Ihre kotzen mich an, Miss Carr – ach, Tristan!
  Carr ist eingetreten. Pause.
GWEN *zurechtweisend*: Das ist mein Bruder.
CECILY: Ihr Bruder?
GWEN: Ja. Mein Bruder, Henry Carr.
CECILY: Sie meinen, er ist nicht Tristan Tzara, der Künstler?
GWEN: Ganz im Gegenteil. Er ist der britische Konsul.
  Carr ist erstarrt wie ein Jagdhund. Er hält die Mappe in der Hand,
  die ihm Cecily in der Bibliothek gegeben hat. Bennett öffnet die Tür.
BENNETT: Monsieur Tzara ...
  Tristan tritt ein. Bennett zieht sich zurück. Tristan hält seine Mappe
  in der Hand.
GWEN: Tristan! Mein Tristan!
CECILY: Genosse Jack!
GWEN: Genosse Jack?
CECILY: Ja. Der Herr, der seinen Arm um Ihre Taille schlingt, ist eine Leuchte der Zimmerwalder Linken.
GWEN: Sind das Bolschewiken?
CECILY: Nun, sie dinieren mit uns.
GWEN: Wir sind die Opfer einer gemeinen Täuschung. Meine arme Cecily, wie hat man Sie beleidigt!
CECILY: Meine arme Gwendolen, wie wurden Sie gekränkt!
  Sie streben der Tür zu.
  Cecily hält inne: Nur eine einzige Frage an Mr. Carr.
GWEN: Eine glänzende Idee. Monsieur Tzara: nur eine einzige Frage.
CECILY: Was halten Sie w i r k l i c h von dem Aufsatz, den ich Ihnen zu lesen gab?
GWEN: Wie beurteilen Sie w i r k l i c h das Kapitel, das ich Ihnen zeigte?
CARR *zögernd*: Sehr ... gut geschrieben ... Interessanter Stil ...
TZARA *zögernd*: Überaus ... belesen ... Reiches Material.
CECILY: Aber als Sozialkritik –?

Gwen: Aber als Art pour l'art –?
Carr *gibt auf*: Quatsch! Reiner Irrsinn!
Tzara: Stuß! Völlig unlesbar!
Gwen *und* Cecily: Ah – Heuchler!
Carr: Tut mir leid! 's war aus Liebe!
Gwen *und* Cecily: Aus Liebe?
Gwen: Das kann sein.
Cecily: Ja, das kann sein.
Gemeinsam gehen sie auf die Männer zu, dann überlegen sie sich's wieder gemeinsam.
Gwen *und* Cecily: Aber unsere intellektuellen Meinungsverschiedenheiten sind ein unüberwindliches Hindernis!
Die Tür schließt sich hinter ihnen.
Carr und Tzara sinken in die zwei großen Lehnstühle.
Carr: Übrigens höre ich, Bennett hat Ihnen meine Privatkorrespondenz gezeigt.
Bennett tritt ein mit Champagner für die beiden auf einem Tablett. Er beginnt ihn einzuschenken.
Tzara: Er hat radikale Neigungen.
Carr: Niemand ist so radikal wie ein Kammerdiener, der in seinem Champagnerverbrauch beschränkt worden ist.
Tzara: Das will ich gerne glauben.
Carr: Nun, dem hab ich ein Ende gemacht.
Tzara: Gekündigt?
Carr: Mehr Champagner gegeben.
Tzara: Wir Rumänen können von euch Engländern lernen.
Carr: Sie vermissen wohl Sofia?
Tzara: Sie meinen Gwendolen.
Carr *runzelt die Stirn, räuspert sich*: Bukarest.
Tzara: Ach, ja. Ja. Das Paris des Balkans ...
Carr: Dummer Ort dafür, eigentlich ... *Nippt*. Ist das der Perrier-Jouet, brut, Jahrgang 89 ????!!!!
Bennett: Nein, Sir.
Carr *hat das Zeichen an der Wand gelesen*: Völlig aus...?
Bennett *unbarmherzig*: Tut mir leid, Sir.
Carr: Nun gut, Bennett.
Bennett: Ich habe die Zeitungen und Telegramme auf die Anrichte gelegt.
Carr: Irgendwas Interessantes?
Bennett: Die Neue Zürcher Zeitung und die Zürcher Post melden jeweils den kulturellen Höhepunkt und Tiefpunkt der Spielzeit am Theater zur Kaufleuten gestern abend. Die NZZ hebt Ihren persön-

lichen Triumph in einer anstrengenden Rolle hervor. Der Botschafter kabelt seine Glückwünsche und dankt Ihnen zugleich für Ihr Telegramm. Er beschwört Sie, um jeden Preis zu verhindern, daß Herr Uljanow die Schweiz verläßt.
Bennett ab. Pause.
CARR: Lümmel von einem Iren ...
TZARA: Russen ...
CARR: Nein – wie-heißt-er-nur – Deirdre.
TZARA: Bridget ... *Pause.*
CARR: Joyce!
TZARA: Joyce!
CARR: Flegel. Sture irische Brillenschlange ... Kommt in meinen Ankleideraum und überreicht mir zehn Franken wie ein Trinkgeld – Schnorrer –
Bennett tritt ein.
BENNETT: Mr. Joyce.
Joyce tritt aufgeregt ein.
JOYCE: Wo ist Ihre Schwester?
CARR: Ihr Geld ist unter Kuratel.
JOYCE: Ich möchte S i e nur eines bitten –
CARR: Und i c h möchte S i e nur eines bitten – warum zum Teufel noch mal können Sie nicht wenigstens einmal eine Jacke anziehen, die zu Ihrer Hose paßt??
In der Tat trägt Joyce jetzt die andere Kombination der Kleidungsstücke, die er im ersten Akt getragen hat.
JOYCE *mit Würde*: Wenn ich es einmal könnte, dann könnte ich's allemal. Meine Garderobe ist in Triest aus dem Takt geraten und ihre beiderseitigen Mitglieder gehen endlos in der Nacht aneinander vorbei. Aber jetzt – wollen Sie mir gefälligst die fünfundzwanzig Franken geben?
CARR: Welche fünfundzwanzig Franken?
JOYCE: Sie hatten acht Eintrittskarten zu je fünf Franken zum Verkauf übernommen. Meine Aufstellungen ergeben, daß nur fünfzehn Franken von Ihnen eingegangen sind.
CARR: Ich habe dreihundertfünfzig Franken aus meiner eigenen Tasche bezahlt, damit Ihre Konfektions-Inszenierung wenigstens eine Figur aufzuweisen hat, die so aussieht, als käme sie je in Berührung mit einem Schneider. Wenn Sie weitere fünfundzwanzig Franken aus mir herauszureißen hoffen, müssen Sie mich vor Gericht zitieren. *Wohlerwogen:* S i e s i n d e i n S c h w i n d l e r u n d e i n S c h u f t.
TZARA *übergibt Joyce seine Mappe*: Darüber hinaus gleicht Ihr Buch in vielem Ihrer Kleidung. Als Anordnung von Wörtern ist es reizlos,

ohne den Vorteil der Zufälligkeit zu besitzen. Als Erzählung hat es weder Charme noch Vulgarität. Und als Erlebnis ist es, als befände man sich in einer Zelle mit einem Fanatiker auf der Suche nach einer Manie.

Gwen und Cecily treten ein. Joyce wirft einen Blick auf das Manuskript.

JOYCE: Wer hat Sie dieses Manuskript lesen lassen?
GWEN: Ich.
JOYCE: Miss Carr, habe ich Ihnen ein Kapitel zum Abtippen übergeben, in dem Blooms Abenteuer der homerischen Episode von den Rindern des Helios entsprechen – oder nicht?
GWEN: Aber ja doch! Und es ist fabelhaft.
JOYCE: Warum geben Sie mir dann einen mißgelaunten Traktat zurück, in dem unter anderem bewiesen werden soll, daß Ramsey MacDonald ein bourgeoiser speichelleckender Domestik ist?
GWEN: Aaaaah!
TZARA: Ooooh!
CECILY: Hoppla!
CARR: Aaah!
JOYCE *mit Donnerstimme*: Miss Carr, wo ist das fehlende Kapitel?
CARR: Verzeihen Sie – sagten Sie Bloom?
JOYCE: Jawohl.
CARR: Und ist es ein Kapitel von mehr als gewöhnlicher Länge und sprunghaftem Stil, das etwas mit Geburtshilfe zu tun hat?
JOYCE: Es ist ein Kapitel, das durch ein Wunder von Verdichtung den ganzen Bogen der englischen Literatur von Chaucer bis Carlyle zieht, um Ereignisse zu beschreiben, die in einer Dubliner Gebärklinik vor sich gehen.
CARR *hält seine Mappe hoch*: Offenbar ein und dasselbe Werk.

Gwen und Cecily tauschen die Mappen mit Ausrufen des Wiedererkennens. Carr und Tzara treten dazu.

Ein rascher, aber förmlicher Höhepunkt, zu dem entsprechende Ausrufe laut werden wie ‹Cecily! Gwendolen! Henry! Tristant› und entsprechende Umarmungen stattfinden.

Musik, die der Epoche entspricht. Beleuchtungswechsel. Eine kurze, förmliche Tanzszene. Tzara tanzt mit Gwen, Carr mit Cecily. Joyce und Bennett tanzen allein vor sich hin. Das Stück wird dadurch völlig aus den Angeln gehoben. Carr und Cecily tanzen von der Bühne ab. Die anderen machen weiter, dann aber tanzen auch sie ab, während der alte Carr mit der alten Cecily auf die Bühne getanzt kommt. Die alte Cecily ist natürlich ungefähr 80, wie der alte Carr. Sie tanzen ein paar greisenhafte Schritte.

DIE ALTE CECILY: Nein, nein, nein, nein, es ist doch zum Weinen, das mit dem Gericht stimmt zwar, und deine Hose hatte auch was damit zu tun, das will ich nicht leugnen. Aber Wladimir Iljitsch bist du nie in die Nähe gekommen, und an den anderen erinnere ich mich nicht mehr. An Joyce kann ich mich noch erinnern, ja, du hast ganz recht, ein Ire mit Brille, aber das war im Jahr danach, 1918, und der Zug war längst aus der Station! Ich hab mit einem roten Taschentuch gewinkt und gerufen: ‹Es lebe die Revolution›, wie ihn der Waggon hinwegtrug mit seiner Melone, und natürlich hab ich ja gesagt, als du mich danach fragtest, aber er stand bereits an der Spitze von Millionen, als du auf die Bühne kamst in deiner Rolle als Algernon...

CARR: Algernon – so hat er geheißen!

DIE ALTE CECILY: Aber das war ein Jahr danach.

CARR: Wonach?

DIE ALTE CECILY: Und Lenin hast du überhaupt nie gesehen.

CARR: Doch. Ich hab ihn in den Cafés gesehen. Ich hab sie alle gekannt. Gehörte ja zu meinem Beruf.

DIE ALTE CECILY – *kleine Pause*: Und du warst gar nicht der Konsul.

CARR: Hab ich auch nie behauptet.

DIE ALTE CECILY: Doch hast du's behauptet.

CARR: Sollen wir nicht jetzt Tee trinken?

DIE ALTE CECILY: Der Konsul hieß Percy irgendwas.

CARR *zu sich*: Bennett.

DIE ALTE CECILY: Wie?

CARR *mürrisch*: Ich sage, er hieß Bennett.

DIE ALTE CECILY: Ach ja... Bennett. *Pause*. Das ist auch so eine Sache –

CARR: Trinken wir jetzt Tee oder nicht?

DIE ALTE CECILY: Und ich hab ihm nie bei seinem Buch ‹Imperialismus, das höchste Stadium des Kapitalismus› geholfen. Das war auch im Jahr davor, 1916.

CARR: Ach, Cecily. Hätt ich nur damals gewußt, daß du einmal so pedantisch sein wirst. *Wird wütend*. Ist nicht s o gewesen – hab d a s nicht getan – 1916 – 1917 – W a s l i e g t s c h o n d r a n ? Ich war da. Sie waren da. Sie fuhren davon. Ich fuhr davon. Wir alle fuhren davon.

DIE ALTE CECILY: Wir nicht. Wir blieben zurück. Sofia hat diesen Künstler geheiratet. Ich hab dich geheiratet. Du hast Algernon gespielt. Dann sind alle davon.

Der Rest des verlöschenden Lichtes ruht auf Carr.

CARR: Eine große Zeit... Zürich im Ersten Weltkrieg. Flüchtlinge, Spione, Emigranten, Maler, Dichter, Schriftsteller, Radikale aller Art. Ich kannte sie alle. Hab Nächte lang mit ihnen diskutiert... im

Odeon, in der Terrasse... Drei Dinge hab ich in Zürich während des Krieges gelernt. Hab sie mir aufgeschrieben. Erstens: entweder ist man ein Revolutionär oder man ist es nicht, und wenn man's nicht ist, kann man ebensogut ein Künstler sein wie was anderes. Zweitens: wenn man schon kein Künstler ist, kann man ebensogut ein Revolutionär sein... Und drittens – das dritte hab ich vergessen

Licht aus.
Ende.